Puppen und Traumfiguren

WIL VAN DER SPIEGEL

PUPPEN & TRAUMFIGUREN

Neue Möglichkeiten mit Modellierpulver

Laterna magica

Deutsche Übersetzung:
Lisl van Egmond
Johanna Blasche

Fotos: Hans van Ommeren, Woerden
Zeichnungen: Priscilla van der Spiegel,
's-Gravenhage
Layout: Karel van Laar, de Bilt

Die niederländische Originalausgabe erschien
unter dem Titel «Poppen & Droomfiguren»
bei Cantecleer B.V., de Bilt
© Cantecleer B.V., de Bilt

© 1990 by Verlag Laterna magica
   Joachim F. Richter, D-8000 München 71.
Umschlaggestaltung und Herstellungsleitung:
Günther Herdin, München
Satz: satz-studio gmbh, Bäumenheim
Druck: Bosch Druck, Landshut
ISBN 3-87467-432-0
Printed in Germany

◁ **Farbbild 1:**
Zwilling im Cocon aus Modelliermasse.

Inhalt

1 Zwei Puppen mit beweglichen Armen und Beinen.

EINLEITUNG

In diesem Buch will ich versuchen, Ihnen die Technik, zur Herstellung der Puppen zu erklären, die auf den folgenden Seiten zu sehen sind. «Schwierig», werden Sie sicher sagen. Diese Reaktion höre ich öfters, aber schwierig ist es wirklich nicht. Die hübschen Ergebnisse meiner Kursteilnehmer sind hierfür ein deutlicher Beweis. Es ist besonders gut, daß eine solche Puppe in verschiedenen Arbeitsschritten zu machen ist. Sie müssen bei dieser Technik das Köpfchen nicht auf einmal fertigmodellieren. Legen Sie es ruhig beiseite, wenn Sie nicht weiter machen wollen oder können. Sie können ohne Probleme später weiterarbeiten, da die Modelliermasse direkt auf dem trockenen Untergrund haftet, ohne daß dieser angefeuchtet werden muß.

Ich möchte Ihnen auch das Modelliermaterial erklären, weil ich bei Demonstrationen immer wieder gefragt werde: «Was ist das für ein «Baatz» womit Sie arbeiten?» Die unbekannten Eigenschaften des Modellierpulvers kommen wahrscheinlich daher, daß die Puppenköpfchen meist aus selbsthärtendem Ton hergestellt werden. Haben Sie einmal mit dem Modellierpulver gearbeitet, so werden Sie die vielen Vorteile dieses Materials gegenüber dem Ton entdecken. Über das Auftragen auf trockenen Untergrund haben wir schon geschrieben, wichtiger ist noch, daß

das trockene Köpfchen beinahe nichts wiegt. Der Kopf bleibt dadurch sitzen oder stehen, ohne wegzusacken oder umzufallen.

Darüber hinaus ist das Modellierpulver lange nicht so empfindlich wie Ton.

In diesem Buch wird das Herstellen zwei verschiedener Typen Puppen erklärt, die Puppe mit beweglichen Armen und Beinen (sitzend oder stehend) und die Drahtfigur. Der erste Typ Puppe hat Stoffkörper und -glieder, die nach dem Füllen präpariert werden.

Die Drahtfigur hat einen Körper aus Stoff, aber die Arme und Beine werden aus Draht geformt, der mit Alufolie und Stoffstreifen umwickelt wird. Die letztere Technik ist etwas arbeitsintensiver. Das Modellieren der Hände und Füße verlangt mehr Geschicklichkeit, die aber durch die Übung immer besser wird.

Viele Vorteile habe ich von meinem «Puppenarchiv» gehabt. Ich rate jedem, sich ein solches anzulegen. Sammeln Sie möglichst viele Abbildungen von Gesichtern, Augen, Händen, Füßen und Körperhaltungen und sammeln Sie diese. Sie werden daran viel Freude haben. Gehen wir also an die Arbeit! Viel Glück!

Zoetermeer

MATERIAL UND WERKZEUG FÜR EINE PUPPE MIT BEWEGLICHEN ARMEN UND BEINEN

1 **Füllmaterial** in Bettengeschäften

2 Weiche **Putzlappen**

3 Ungebleichte **Baumwollstoffe**

4 **Echte Perücke** oder **Puppenperücke,** die Sie auf dem Flohmarkt kaufen können oder auf dem Speicher entdecken.

5 **Terpentin**

6 **Hobbyleim**

7 Matten- und glänzenden **Firnis**

8 Weißen **Latex,** Mauerfarbe im Farbgeschäft

9 Weißen **Seidenmattlack**

10 Blaßrosa **Seidenmattlack**

11 **Näpfe** zum Farbenmischen

12 Schüssel zum Anrühren des **Modellierpulvers**

13 **Schleifpapier**

14 **Zeitungen** für den Kopf

15 **Draht** Nr. 4

16 **Häkel-** oder **Strickgarn**

17 Selbsthärtender **Ton** (z. B. Efaplast) zum Beschweren der Unterbeine (Hobbyläden)

18 **Modellierpulver (Plastika),** das sie mit Wasser anrühren

19 **Ölfarbe** in den Farben: Englischrot, Indischrot, Marsviolett, van Dijckbraun, Titanweiß, in Hobbyläden

20 Gläserne **Augen** ohne weiße Ecken, in Hobbyläden

21 **Hutgummi** (vor dem Kauf probieren, ob er nicht bricht)

22 Weiße **Wäscheknöpfchen**

23 Schaschlikstöckchen, Häkelnadel oder **Modellierhölzchen**

24 **Holzblock** mit Loch, in das ein Rundholz paßt, ungefähr 33 cm lang, oder eine Flasche, mit Sand beschwert

25 **Stecknadeln**

26 **Ölfarbpinsel** Nr. 1 und 2 aus Marderhaar und Nr. 8 und 10 einfacher Qualität

27 **Lineal, Bleistift** und **Radiergummi**

28 **Wattestäbchen**

29 Lange **Stopfnadeln**

30 **Schere**

31 **Pfriem**

32 Kombi- und **Rundzange**

2 Material und Werkzeug. ▷

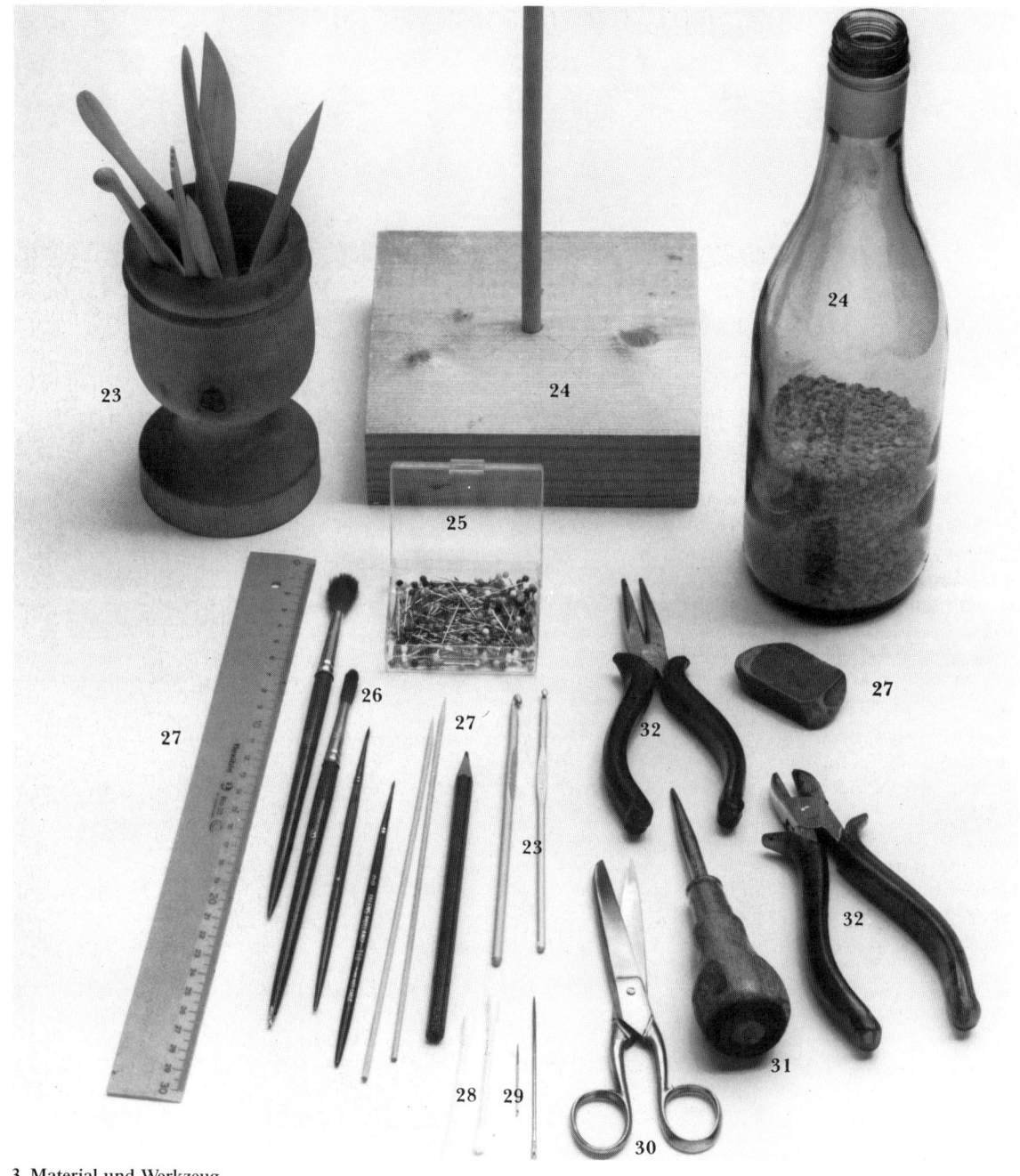

3 Material und Werkzeug.

DAS MODELLIEREN EINES KOPFES

Sie brauchen dazu:
- Modellierpulver
- Schüssel
- Holzblock mit Loch oder Flasche mit Sand oder Kies beschwert
- ein Stück Rundholz, ungefähr 35 cm lang, das in den Block oder in die Flasche paßt
- Zeitungen
- Häkel oder Strickbaumwolle

Wir beginnen mit dem Anrühren des Pulvers. Nehmen Sie hierzu eine nicht zu kleine Schüssel und füllen diese mit dem Inhalt des halben Sackes. Haben Sie später etwas Masse übrig, dann können Sie diese in Alufolie verpackt im Kühlschrank aufheben. Rühren Sie das Pulver nach der Gebrauchsanweisung an und kneten Sie es gut durch. Stecken Sie das Rundholz in den Holzblock oder in die Flasche und umwickeln den oberen Teil, etwa 15 cm mit einem Streifen Zeitungspapier und befestigen das Papier mit Garn (Abb. 5). Das brauchen wir, damit sich der Kopf nach dem Trocknen leichter löst.

Nehmen Sie dann eine oder mehrere Seiten Zeitung (ungefähr eine für einen Babykopf, anderthalb für ein Kind und zwei für einen «Erwachsenen») und machen daraus einen Ball. Stecken Sie diesen auf das Stöckchen und formen ihn fest und gleichmäßig.

4 Junge und Mädchen mit beweglichen Armen und Beinen.

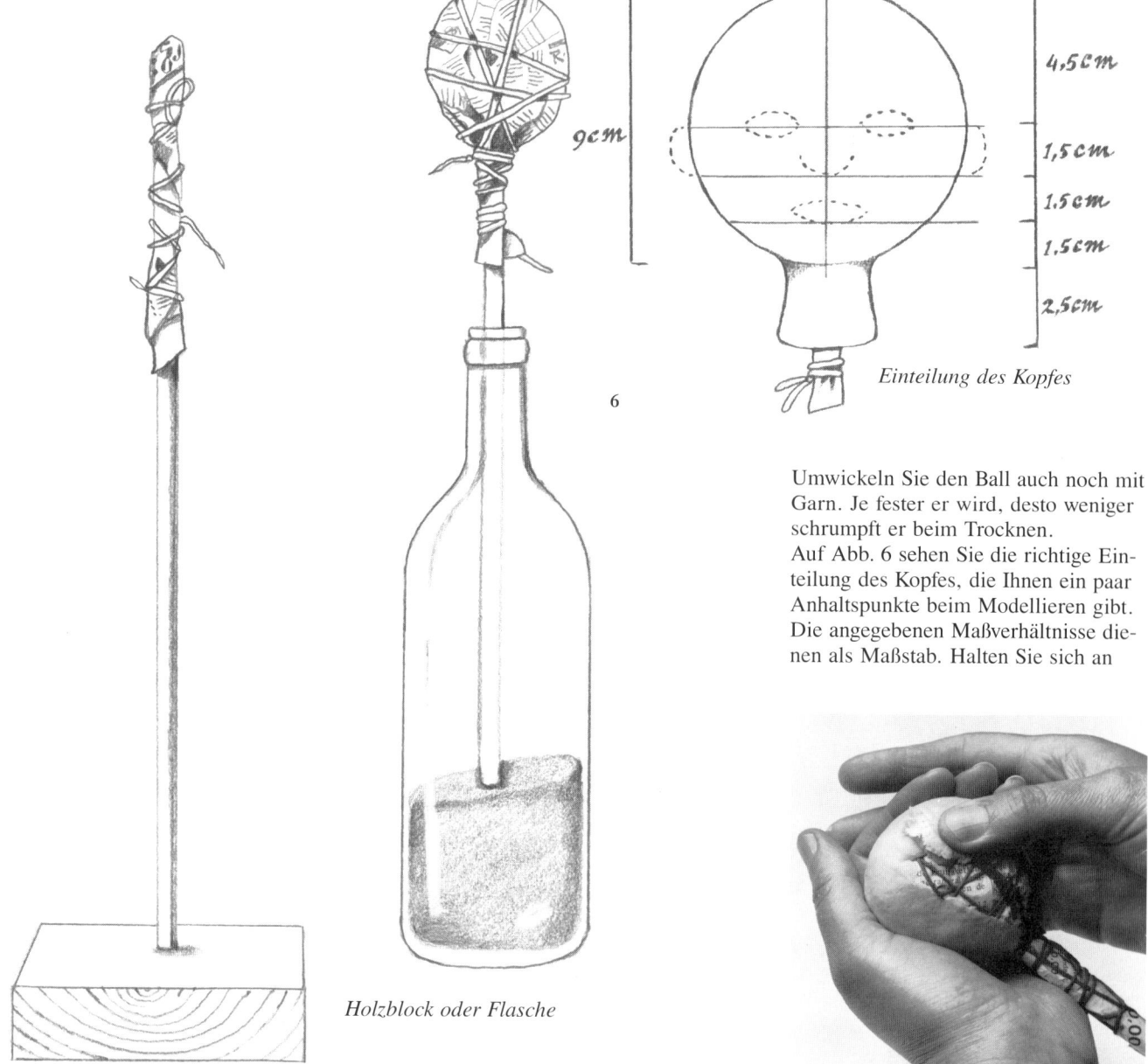

9cm

4,5 cm
1,5 cm
1,5 cm
1,5 cm
2,5 cm

Einteilung des Kopfes

6

Umwickeln Sie den Ball auch noch mit Garn. Je fester er wird, desto weniger schrumpft er beim Trocknen.
Auf Abb. 6 sehen Sie die richtige Einteilung des Kopfes, die Ihnen ein paar Anhaltspunkte beim Modellieren gibt. Die angegebenen Maßverhältnisse dienen als Maßstab. Halten Sie sich an

Holzblock oder Flasche

5 Das Innere des Kopfes besteht aus Zeitungen.
  links: der Anfang, rechts: der fertige Zeitungsball.

7 Umkleiden des Zeitungsballes mit einer dünnen Lage Modelliermasse.

diese Einteilung nicht zu genau, sonst besteht die Gefahr, daß alle Puppen gleich ausfallen. Es macht nichts, wenn Sie nicht gleich zufrieden sind. Probieren Sie auch nicht unbedingt, meine Geisteskinder aus diesem Büchlein nachzumachen, denn dieses Resultat erreichte ich auch erst nach Jahren. Trauen Sie sich zu experimentieren! Gehen Sie davon aus, daß Sie ein Zuviel an Modellierpaste jederzeit wegnehmen können, selbst wenn sie schon trocken ist! Mit einem scharfen Messer oder einer kleinen Säge schneiden oder sägen Sie das Teil weg, das Ihnen nicht gefällt. Sie können dann wieder darüber modellieren.

Das Umkleiden des Zeitungsballes
Umkleiden Sie nun den Zeitungsball mit einer Lage Modelliermasse. Streichen Sie sie so glatt wie möglich.

Bestimmen Sie nun die Gesichtsseite und bringen Sie da eine Extralage an. In diese kommen dann die Augen hinein. Bevor Sie weiterarbeiten, ist es wichtig zu wissen, welchen Gesichtsausdruck Ihre Puppe bekommen soll. Auf Abb. 8 sehen Sie, welch verschiedene Möglichkeiten es gibt, einen guten Gesichtsausdruck herauszuarbeiten.

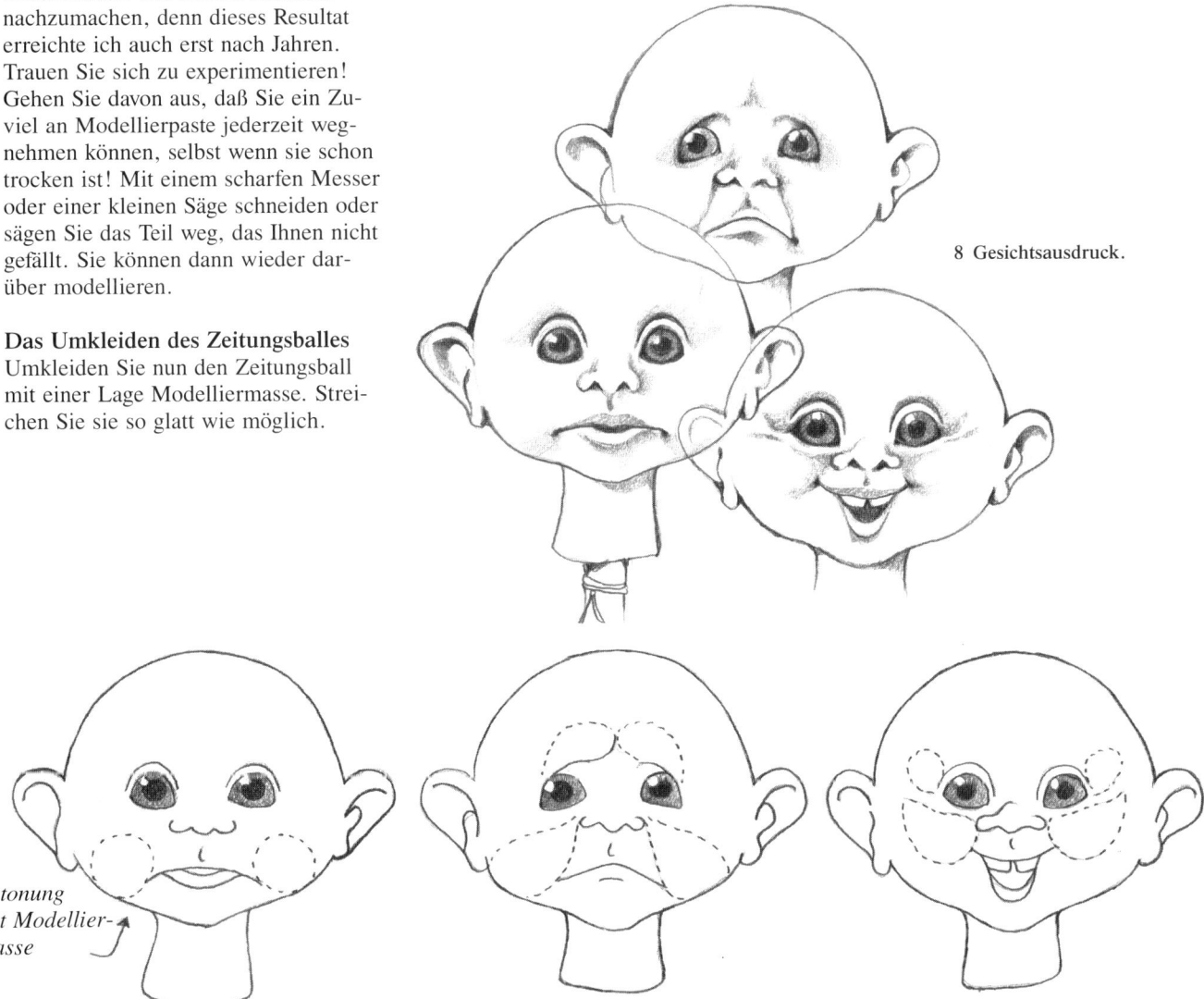

8 Gesichtsausdruck.

Betonung mit Modelliermasse

Augen gerade aus

Augen schräg nach unten

Augen schräg nach oben

9 Drücken Sie die Augen in die Paste.
Der Zwischenraum beträgt eine Augenbreite.

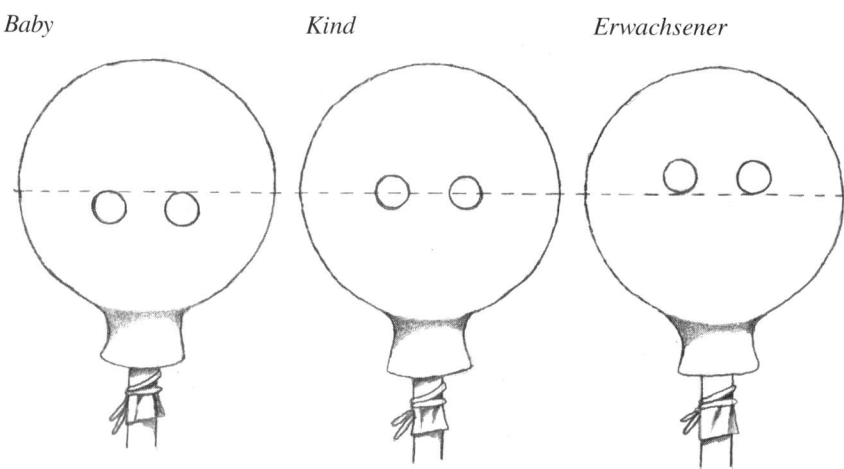

Baby   Kind   Erwachsener

10 Die Stellung der Augen.

Die Augen

Schneiden Sie vor dem Einsetzen der
Augen die Plastik- oder Metallösen an
der Rückseite ab. Bestimmen Sie die
Stelle, wo die Augen hingehören.
Das ist für ein Baby oder Kleinkind
direkt unter der Mittellinie des Kopfes,
für ein Kind genau in der *Mitte* und
für Erwachsene direkt *über* der Mittellinie.
Der Abstand zwischen den Augen ist
für alle Typen gleich, nämlich eine
Augenbreite. Drücken Sie die Augen
vorsichtig und nicht zu tief in die Modelliermasse; die Augenrundung muß
noch sichtbar sein. Machen Sie
4 Röllchen aus Modelliermasse und
legen Sie diese *um* die Augen. Sie formen damit später das untere und das
obere Augenlid. Drücken Sie die Röllchen vorsichtig gegen die Augen an;
mit der Spitze eines Schaschlikstäb-
chens die Augenecken formen und die

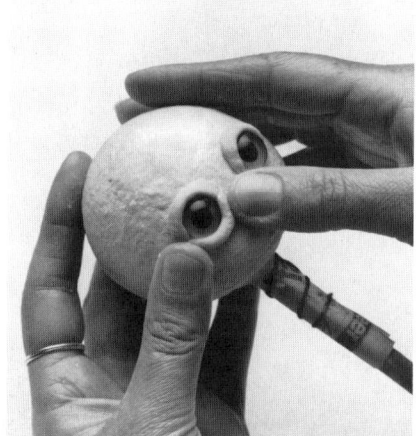

11 Bringen Sie 4 dünne Röllchen um die
Augen an.

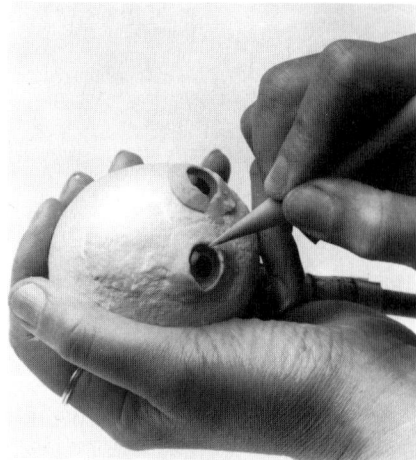

12 Machen Sie die Augenlider so glatt wie
möglich.

Augenlider so glatt wie möglich streichen. Machen Sie das so genau, daß
Sie beim Schleifen des Kopfes nicht
mehr an die Augen kommen.

Farbbild 2: Salix Beebielonica (Trauerweide). Zwei Drahtfiguren.

Das Gesicht

Nehmen Sie ein Stück Modelliermasse und rollen es in der Breite des Kopfes aus und drücken es ungefähr 1 cm über den Augen fest. Das ist die Stirn. Bringen Sie ein Stück Masse vom unteren Rand der Augen bis zum Kinn an. Streichen Sie die Masse vorsichtig so glatt wie möglich nach allen Seiten aus. Kommen Sie nicht zu dicht an die Augen, sonst besteht die Möglichkeit, die sorgfältig angebrachten Augenlider zu beschädigen. Warten Sie, bis das Teil um die Augen trocken ist, dann arbeitet es sich einfacher.

Bringen Sie vor dem Formen der Augenbrauen ein Extraröllchen über den Augenlidern an und streichen dieses vorsichtig nach der Stirne hin aus.

Die Nase

Nehmen Sie für die Nase ein Stückchen Masse und formen dies zu einem Tropfen. Befestigen Sie diesen mit der Schmalseite zwischen den Augen. Mit Hilfe eines Spachtels oder der Finger modellieren Sie die Nase. Machen Sie dann mit der Rückseite der Häkelnadel oder mit der Spitze vom Modellierhölzchen in die breite Unterseite die Nasenlöcher, drücken Sie sie etwas nach außen und nach hinten. Formen Sie mit der Häkelnadel auch die Nasenflügel.

13 Ein Junge mit Schirmmütze.

Ober- und Unterlippe

Nehmen Sie für die Oberlippe ein Stück Modelliermasse, formen dieses etwas breiter als die Nase und nicht höher als 1 cm. Unter der Nase befestigen. Drücken Sie die Oberseite dieses Stückes nach hinten, so daß die Nasenlöcher sichtbar bleiben. Streichen Sie die Seiten nach den Wangen hin aus. Drücken Sie mit beiden Daumen das Mittelstück der Oberlippe etwas hoch, den sogenannten Cupidobogen. Machen Sie für die Unterlippe ein Röllchen und befestigen dieses unter der Oberlippe. Geben Sie acht, daß die Unterlippe etwas schmäler und nicht so dick ist. Machen Sie mit der Häkelnadel an den Mundwinkeln ein Grübchen, dadurch wirkt der Mund freundlicher.

Rollen Sie ein Kügelchen für das Kinn und befestigen es unter der Unterlippe und streichen es nach allen Seiten aus. Bringen Sie auch noch Masse für die Backenknochen und die Wangen an. Formen Sie nun den Nacken und Hals. Dieser muß ungefähr 3 cm lang sein. Nehmen Sie ein größeres Stück Masse und rollen es um den Stock.

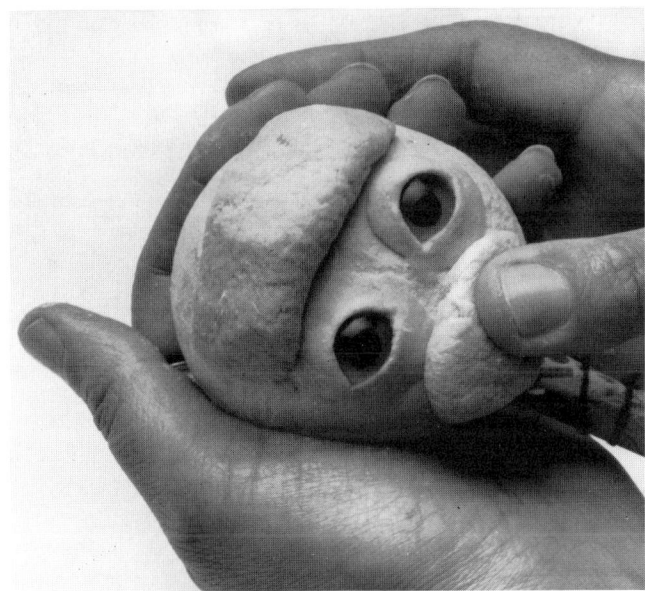

14 Anbringen der Masse zum Formen von Stirn und Gesicht.

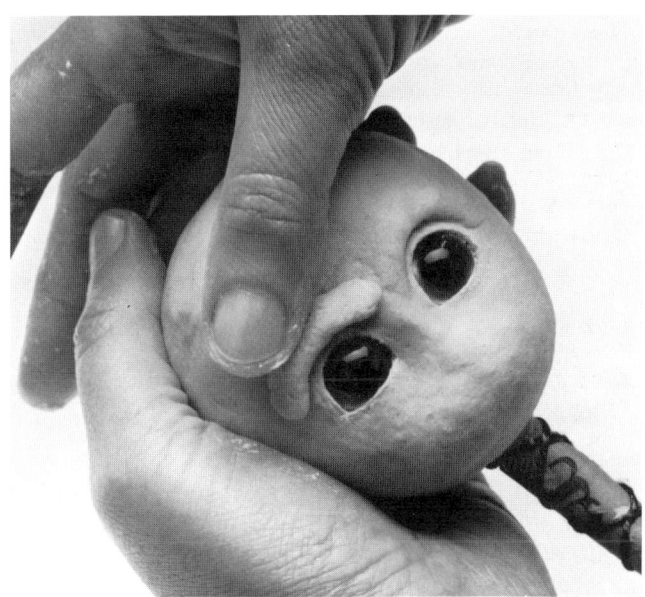

15 Ein Röllchen anbringen für die Augenbrauen.

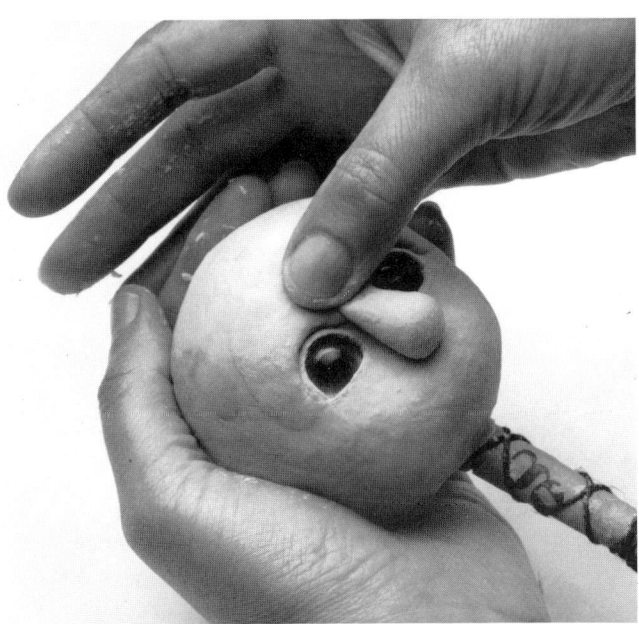

16 Für die Nase einen Tropfen anbringen.

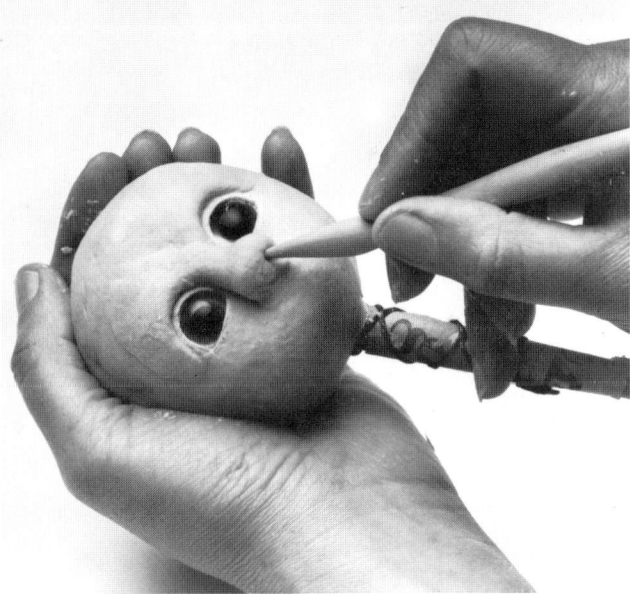

17 Die Nasenlöcher an der Nasenunterseite eindrücken.

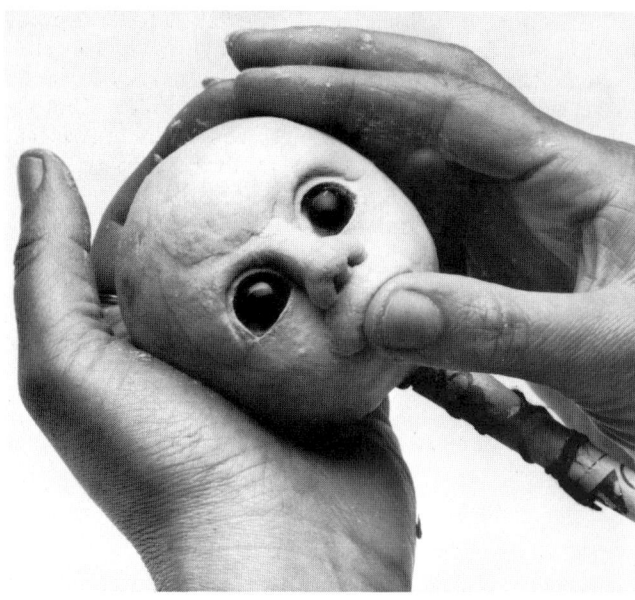

18 Unter der Nase ein längliches Stück für die Oberlippe befestigen.

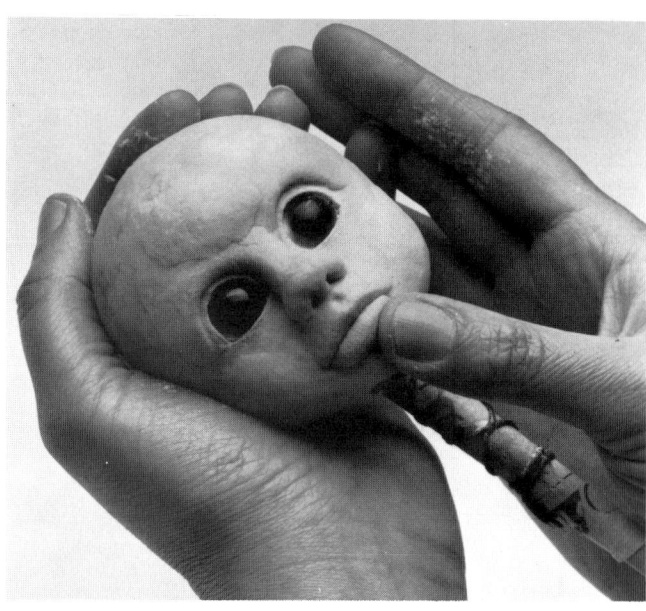

19 Für die Unterlippe ein Röllchen unter der Oberlippe befestigen.

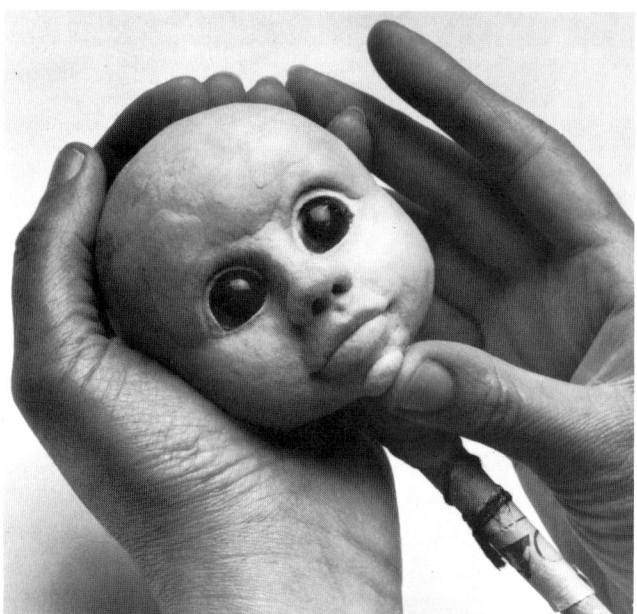

20 Ein Kügelchen wird für das Kinn gebraucht.

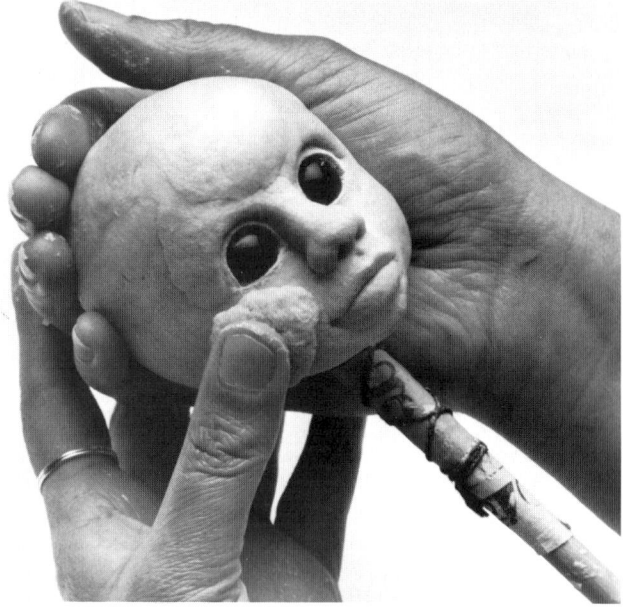

21 Für die Wangen Extramasse anbringen.

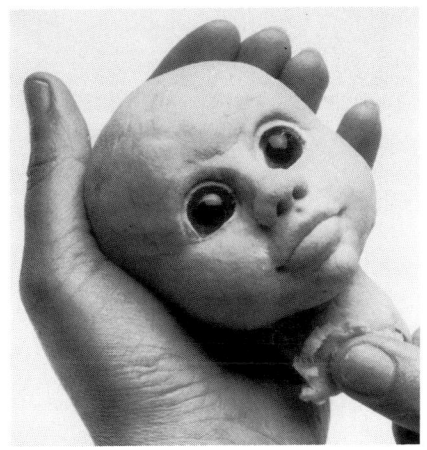

22 Der Hals muß ungefähr 3 cm lang sein.

Je mehr Puppen Sie machen, desto mehr interessieren Sie sich für die Gesichter Ihrer Mitmenschen. Sollten Sie an einem sonnigen Tag in einem Terrassenkaffee sitzen, dann achten Sie auf die Nasen der Menschen. Das ist nicht nur ein Vergnügen, es ist auch lehrreich. Waren Sie das letzte mal mit Ihrer Puppennase nicht zufrieden, so sehen Sie auf der Terrasse sitzend diese Nase bestimmt vorbeispazieren. Sollten Sie Schwierigkeiten haben, die

Menschen so deutlich zu beobachten, dann gibt es immer noch den Spiegel. In Ihr eigenes Gesicht können Sie so lange schauen, wie Sie wollen. Und außerdem kann man oft feststellen, daß die Puppenköpfe ihren Schöpfern gleichen.

Der Kopf muß nun eine Woche trocknen, bevor wir ihn schleifen und anmalen. Sie haben inzwischen Zeit, Körper und Gliedmaßen herzustellen.

Die Ohren

Für die Ohren nehmen Sie zwei gleich große Teile Masse. Formen Sie von jedem eine Kugel, die sie in die hohle Hand legen. Formen Sie sie mit dem Daumen und befestigen Sie sie an den Seiten des Kopfes. Arbeiten Sie die Vorderseite zum Gesicht hin, besonderes Ausarbeiten ist nicht unbeddingt notwendig, aber wenn Sie eine Puppe machen, bei der die Ohren deutlich sichtbar sind, dann können Sie ihnen mit Hilfe der Häkelnadel oder des Modellierhölzchens eine Extraform geben.

Fertigstellung

Begutachten Sie das Köpfchen kritisch von allen Seiten. Vielleicht ist der Hinterkopf noch zu flach, vielleicht können die Wangen noch mehr Masse brauchen. Das alles hängt natürlich von dem Typ ab, den die Puppe darstellen soll. Hierbei kommt Ihnen Ihr Archiv sehr gut zustatten. Auch können Menschen unserer Umgebung ein Quell neuer Einfälle sein.

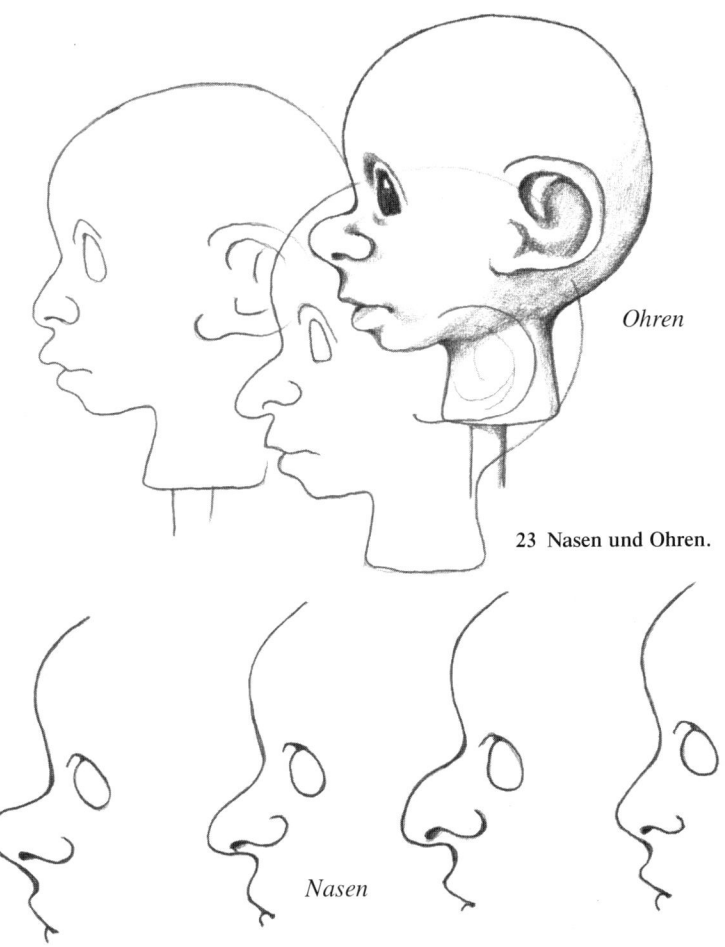

Ohren

23 Nasen und Ohren.

Nasen

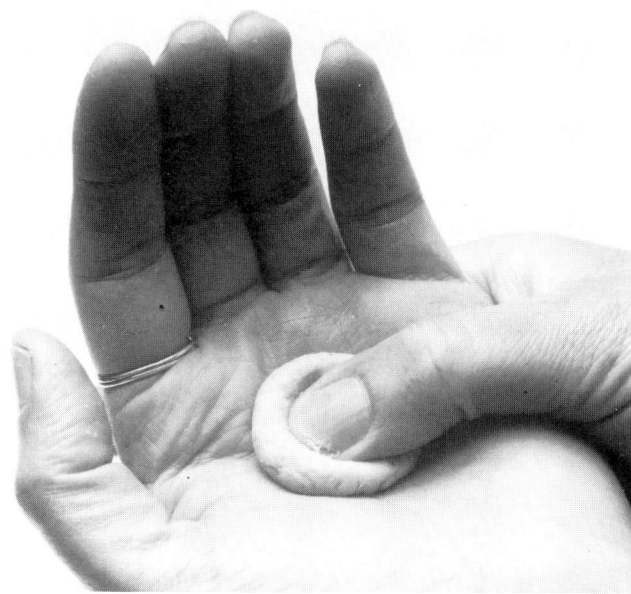

24 Mit dem Daumen wird das Ohr geformt.

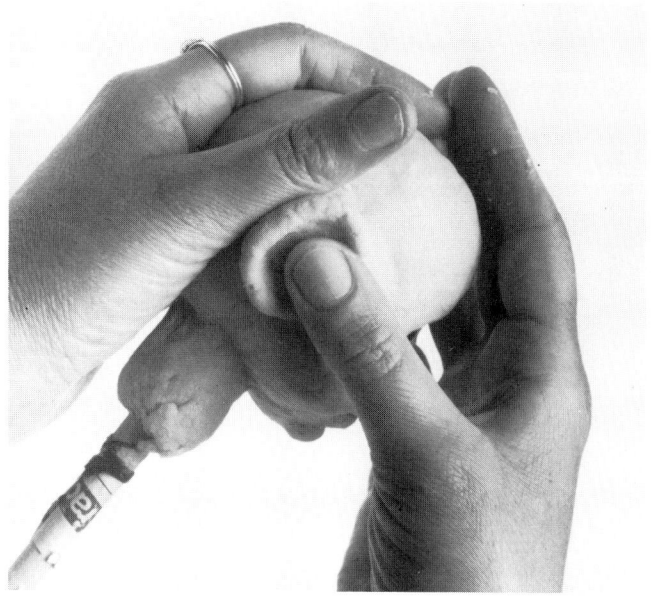

25 Die Ohren werden an der Seite des Kopfes befestigt.

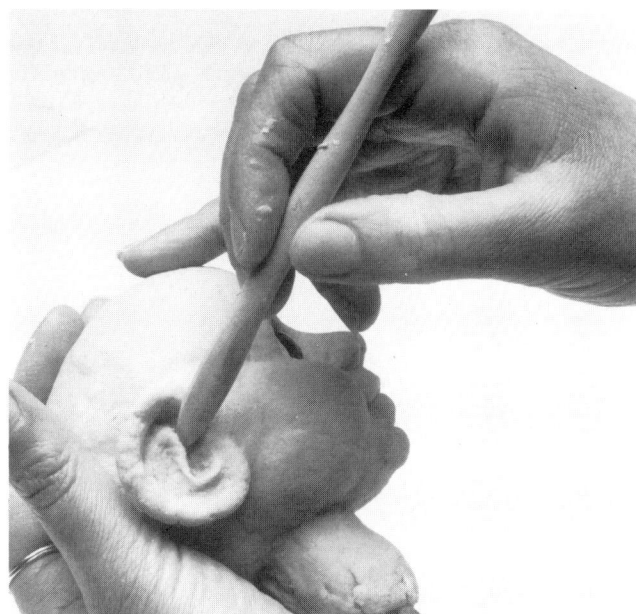

26 Mit dem Modellierhölzchen das Ohr in Form bringen.

27 Das Köpfchen ist fertig zum Trocknen.

DAS ZEICHNEN EINES SCHNITTES FÜR KÖRPER UND GLIEDMASSEN

Sie brauchen dazu:
– Papier
– Bleistift
– Lineal
– Radiergummi

Die Größe des Körpers hängt von dem Puppentyp ab, den Sie machen wollen. Auf Seite 22 finden Sie ein Schema für das Zeichnen von Körper und Gliedmaßen für eine Baby-, Kleinkind-, Kind- und Erwachsenen-Puppe.

28 Das Umfahren von Schnitteilen auf den Stoff.

Baby – Kleinkind (Kopf etwa 8 cm)
Die Länge des Rumpfes ist: eineinhalb
mal die Länge des Kopfes (12 cm)
Die Breite des Körpers ist: 10 cm
Die Länge der Arme ist: die Länge des
Körpers weniger 2 cm (10 cm)
Die Breite der Arme ist: 5 cm
Die Länge der Hand ist: 4 cm
Die Länge der Beine ist: ebenso lang
wie der Körper plus 2 cm (14 cm)
Die Breite der Beine ist: 5,5 cm

**Kind, ungefähr 10 Jahre alt (Kopf
ungefähr 9 cm)**
Die Länge des Rumpfes ist: 1,5 mal die
Länge des Kopfes (13,5 cm)
Die Breite des Körpers ist: 9 cm
Die Länge der Arme ist: ebenso lang
wie der Körper (13,5 cm)

Die Breite der Arme ist: 5 cm
Die Länge der Hand ist: 5 cm
Die Länge der Beine ist: ebenso lang
wie der Körper + Hälfte vom Kopf
(18 cm)
Die Breite der Beine ist: 5,5 cm

Der Erwachsene (Kopf ungefähr 10 cm)
Die Länge des Rumpfes ist: 1,5 mal die
Länge des Kopfes + 4 cm (19 cm)
Die Breite des Körpers ist: 10 cm
Die Länge der Arme ist: ebenso lang
wie der Körper (19 cm)

Die Breite der Arme ist: 4,5 cm
Die Länge der Hand ist: 6 cm
Die Länge der Beine ist: ebenso lang
wie der Körper + Hälfte des Kopfes
(24 cm)
Die Breite der Beine ist: 5,5 cm

Erwachsener

Kind

Baby

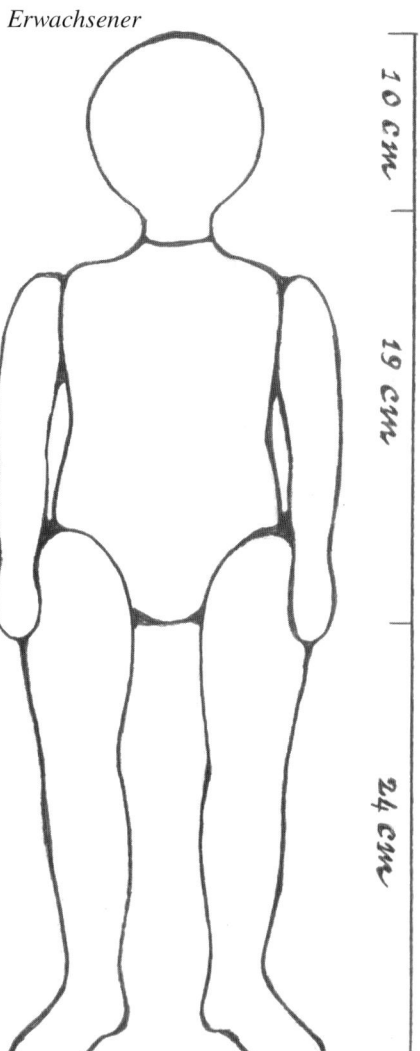

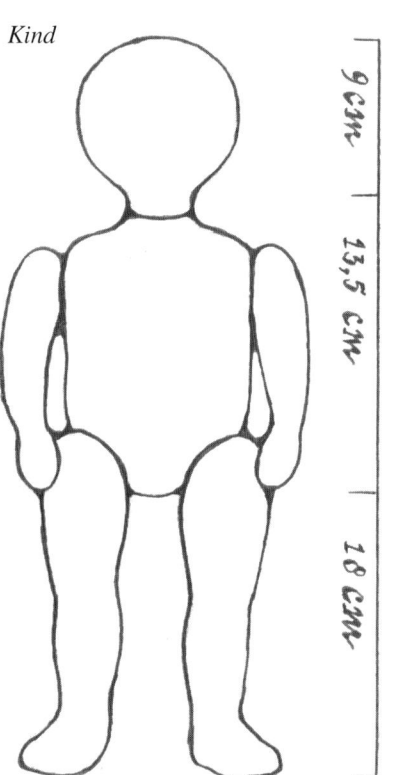

29 Die richtigen Verhältnisse.

Farbbild 3: Vinifera und Vitis, zwei Drahtfiguren (Märchennamen).

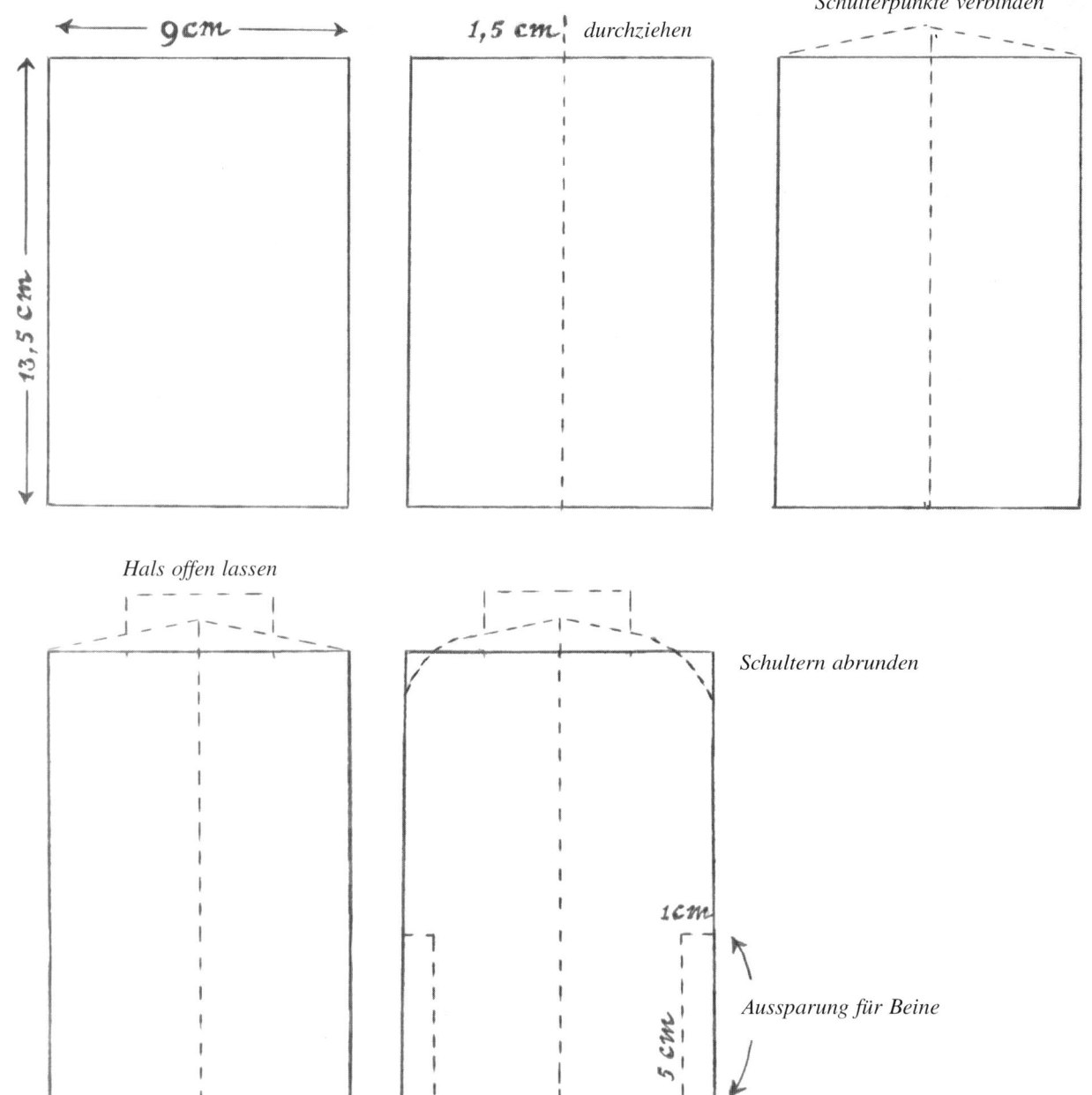

30 Das Zeichnen eines Körpers.

Das Zeichnen eines Schnittes für einen Körper

Den Schnitt in Originalgröße finden Sie auf beiliegendem Schnittbogen. Dieser ist für eine Puppe mit einem Kopf von ungefähr 9 cm (siehe Schema Kind Seite 22). Den Körper, den wir nun zeichnen, können Sie diesem Schema anpassen. Auf Abb. 30 sehen Sie, wie so ein Körper zustande kommt.

– Zeichnen Sie hierzu auf ein Stück Papier die Breite und die Länge des Körpers.

– Geben Sie die Mittellinie an und ziehen Sie sie noch 1,5 cm nach oben durch.
– Verbinden Sie die Schulterpunkte mit dieser Linie.
– Zeichnen Sie ein Extrastück für den Hals. Die Breite ist abhängig vom Halsumfang der Puppe.
– Runden Sie die Schulterpunkte ab und geben Sie an der Unterkante die Stellen an, wo später die Beine angesetzt werden.

Das Zeichnen eines Schnittes für die Beine 25

Den Schnitt in Originalgröße für ein gerades und ein gebogenes Bein ist für eine Puppe vom Typ *Kind* und befindet sich im Schnittbogen. Für das Zeichnen der Beine nehmen Sie die Maße des Kopfes und des gezeichneten Körpers (siehe Schema Seite 22 und 24). Abb. 31 und 32 geben an, wie Sie zu arbeiten haben.

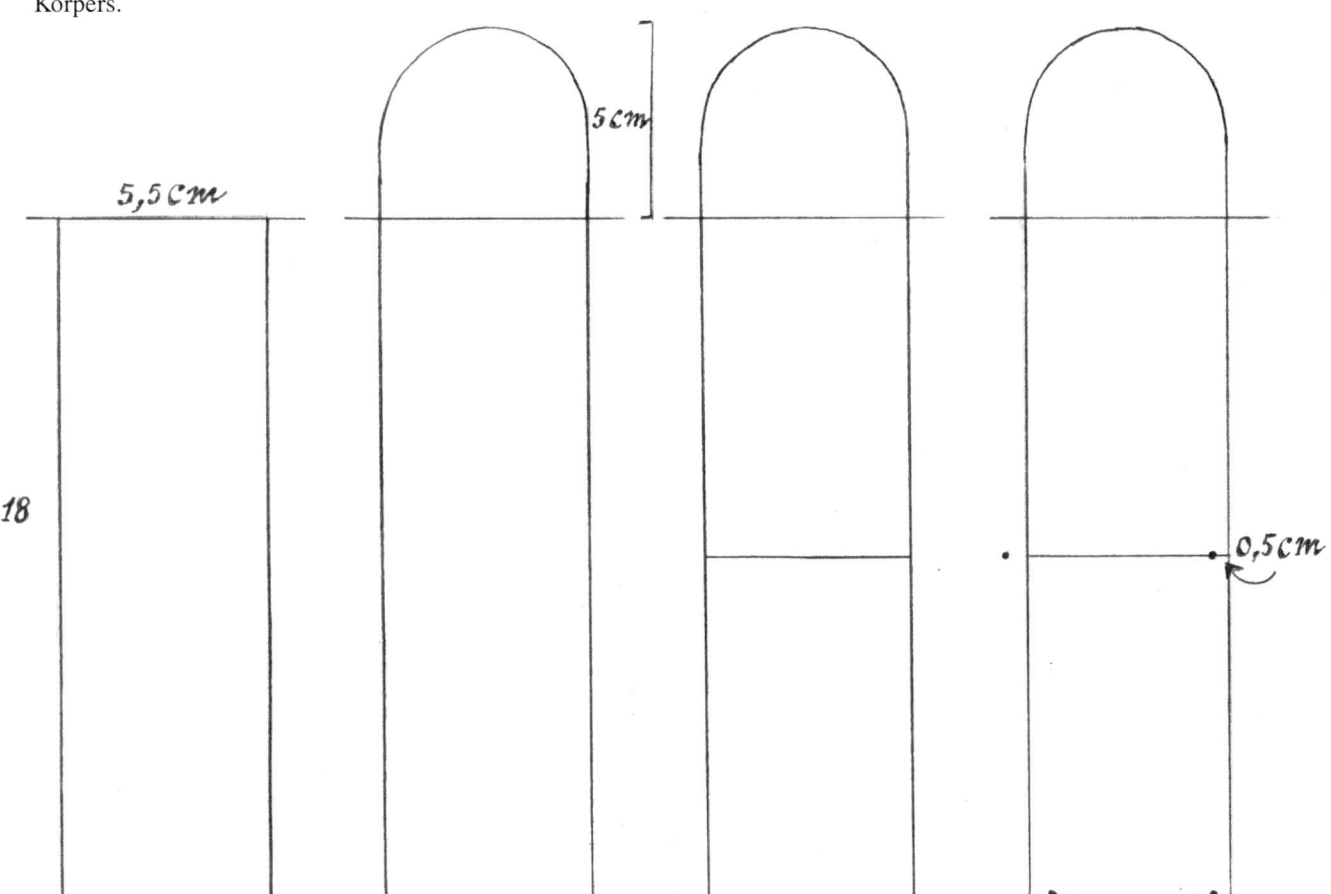

31 Das Zeichnen der Beine.

Farbbild 4: Yggdrasil (der Weltenbaum) eine Drahtfigur.

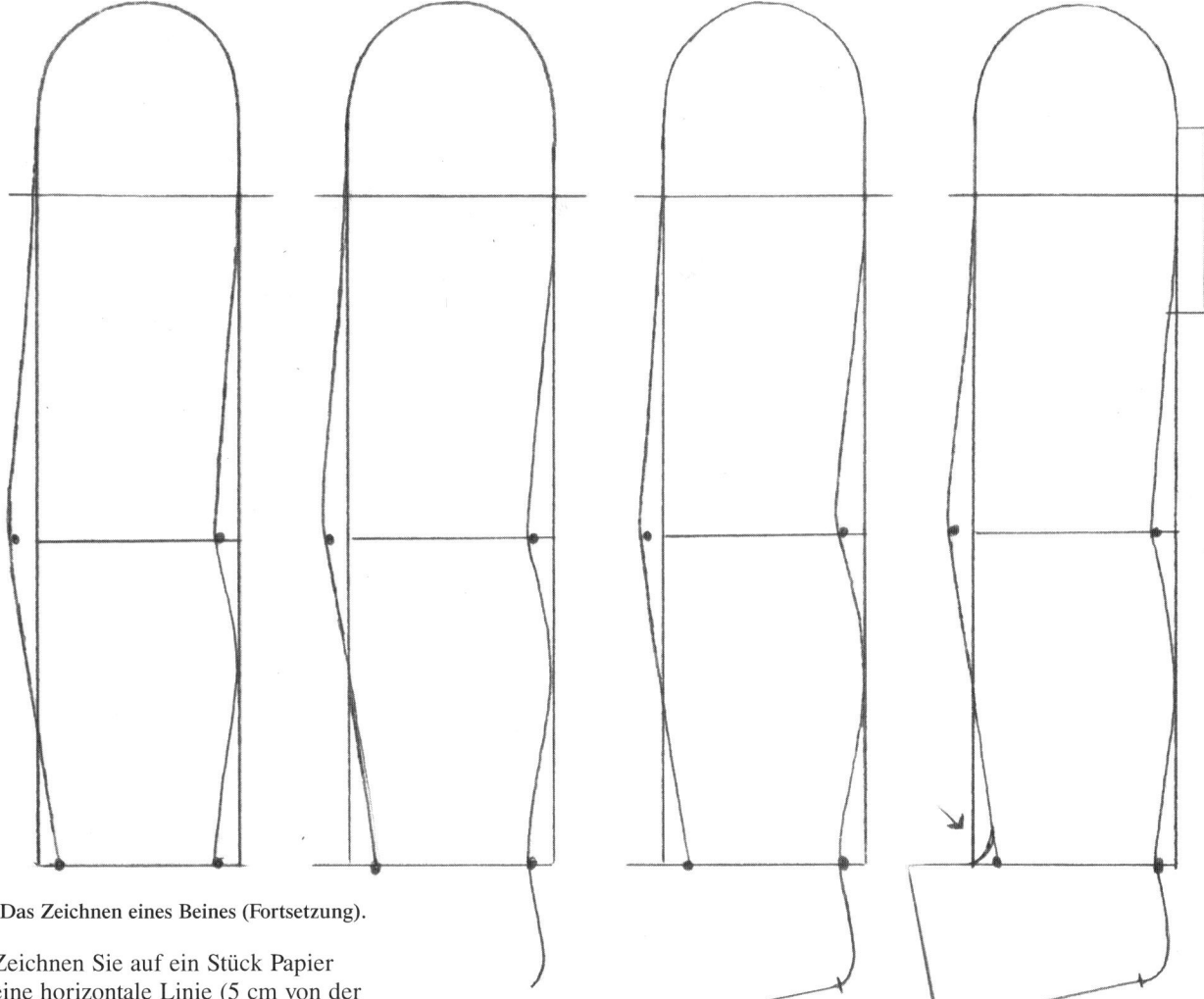

32 Das Zeichnen eines Beines (Fortsetzung).

- Zeichnen Sie auf ein Stück Papier eine horizontale Linie (5 cm von der Oberkante des Papiers).
- Zeichnen Sie die Länge und Breite des Beines.
- Zeichnen Sie eine Rundung über der horizontalen Linie, die 5 cm hoch sein muß. Dieser Teil wird später gegen die Seite des Körpers genäht.
- Teilen Sie das Bein (unter der Rundung) durch die Hälfte und ziehen eine horizontale Linie. Diese Linie gibt die Stelle von Knie und Kniebeuge an.
- Setzen Sie links von der Knielinie einen halben cm nach außen einen Punkt und das gleiche auch rechts der Linien, aber nach innen. Dann an der Unterkante (Knöchel) links und rechts einen halben cm nach innen einen Punkt.

- Verbinden Sie diese Punkte durch Linien, die den Umriß des Beines zeigen.
- Zeichnen Sie die untere, horizontale Linie nach links durch und zeichnen die Ferse.
- Legen Sie an die Unterseite der Ferse ein Lineal und ziehen eine schräge Linie nach unten.

– Bestimmen Sie die Länge des Fußes und ziehen von oben nach unten eine schräge Linie. Zeichnen Sie an der Rückseite des Beines ein Extrastück, das beim Steppen zum Wenden offen bleibt, Zeichnen Sie auch die Form für den Rist. Es hängt nun von der Haltung der Puppe ab, ob wir das Bein in eine andere Stellung bringen wollen. Wollen Sie eine stehende Puppe, dann verändern Sie nichts am Stand der Beine. Soll die Puppe sitzen (mit gebogenen Knien), dann arbeiten wir wie folgt:
Schneiden Sie den Papierschnitt auf der horizontalen Mittellinie (Knielinie) durch. Drehen Sie die beiden Teile, bis Sie die gewünschte Beuge gefunden haben (die Kniepunkte müssen aufeinander treffen). Zeichnen Sie die neue Form des Beines und schneiden Sie es aus. (Abb. 33)

Das Zeichnen eines Schnittes für die Hand und die Arme

Der Schnitt in Originalgröße von einem geraden und einem gebogenen Arm ist für eine Puppe vom Typ *Kind*. Sie finden ihn auf dem Schnittmusterbogen.

Für das Zeichnen der Arme nehmen Sie die Maße des Kopfes und des gezeichneten Körpers (siehe Schema Seite 22 und 24). Abb. 34 und 35 geben an, wie Sie zu arbeiten haben.
– Zeichnen Sie auf einem Stück Papier die Breite und die Länge des Armes.
– Ziehen Sie eine horizontale Linie 1 cm *tiefer* als die Mitte des Armes.
– Runden Sie den Oberarm ab.
– Geben Sie bei der horizontalen Mittellinie, so wie beim Bein, die Punkte an. Verbinden Sie die Punkte wie beim Bein beschrieben, Oberarm ein Stück freilassen für das Umdrehen.

– Verlängern Sie die Unterseite des Armes mit der Anzahl cm, die im Schema Hand angegeben sind.
– Teilen Sie diese Länge durch die Mitte und zeichnen eine horizontale Linie und bringen 2 Hilfslinien an für das Zeichnen der Finger.
– Zeichnen Sie erst den kleinen Finger und den Zeigefinger (Beginn und Ende der Finger werden durch die Hilfslinien bestimmt).
– Zeichnen Sie in den Zwischenraum den Ring- und den Mittelfinger. Zeichnen Sie den kleinen Finger etwas kürzer und den Mittelfinger etwas länger.
– Halten Sie den Abstand zwischen den Fingern nicht zu schmal; wichtig ist, daß Sie die Rundungen *zwischen* den Fingern auch rund steppen. Würden Sie diese spitz steppen, ziehen diese Stellen beim Wenden.

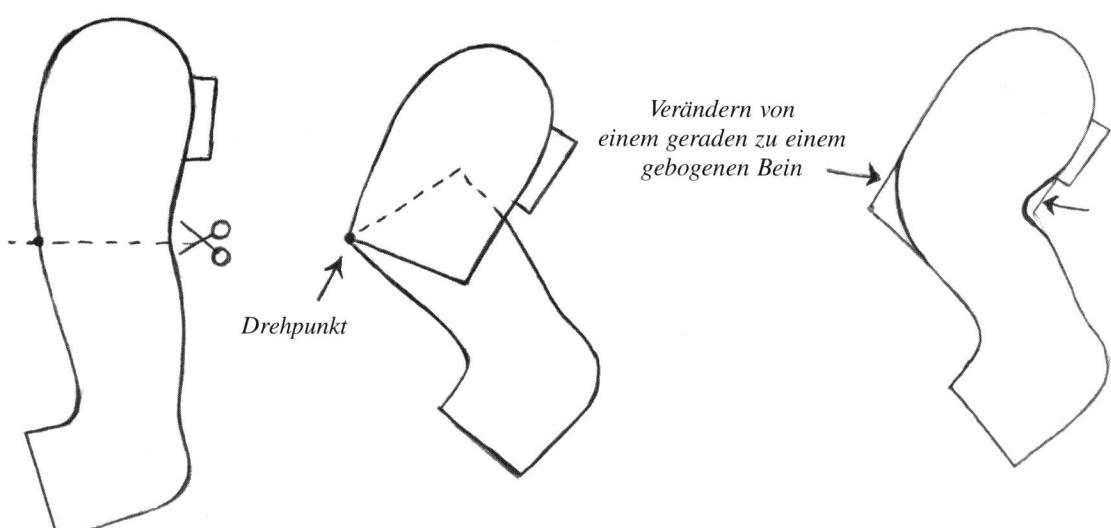

Drehpunkt

Verändern von einem geraden zu einem gebogenen Bein

33 Das gebogene Bein.

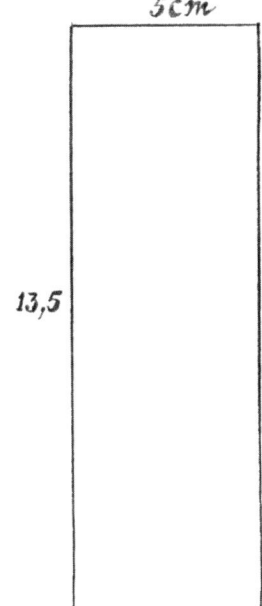

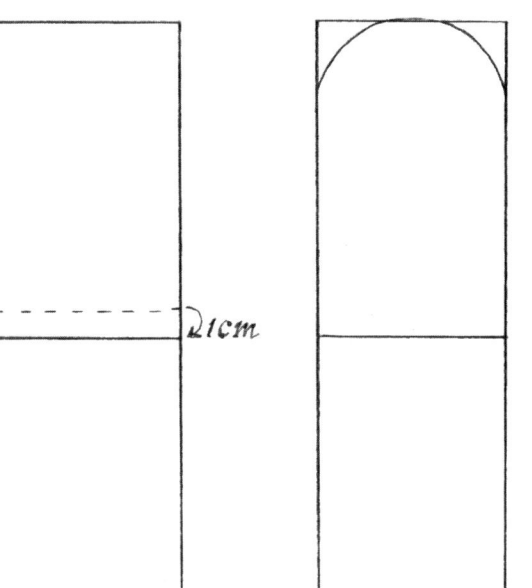

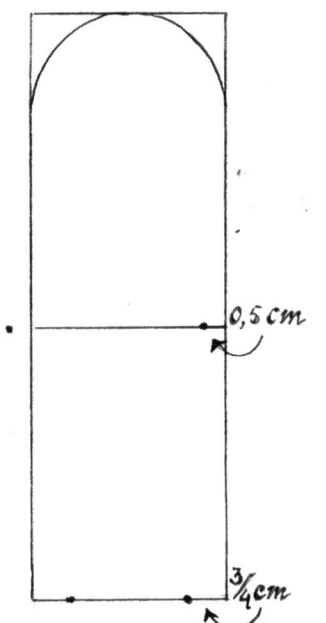

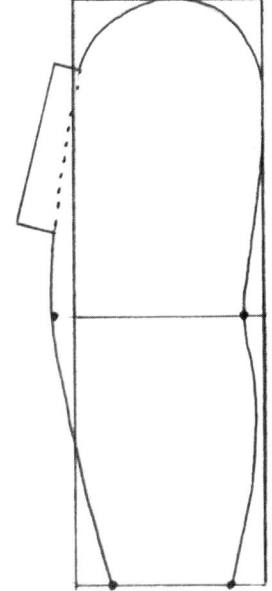

34 Das Zeichnen eines Arms.

– Nehmen Sie vom oberen Teil der Hand (Handfläche) die Hälfte und setzen an die rechte Seite ein Zeichen. Ziehen Sie mit dem Lineal eine schräge Linie nach unten. Das wird der Daumen.

– Formen Sie den Daumen vom Gelenk bis zum Zeigefinger.

– Die Länge der Innenseite des Daumens ist ebenso lang wie der kleine Finger.

Wenn Sie einen gebogenen Arm machen wollen, dann arbeiten Sie nach der Beschreibung vom gebogenen Bein (Abb. 33, Seite 28). Nur müssen hier die Ellenbogenpunkte aufeinander treffen.

30

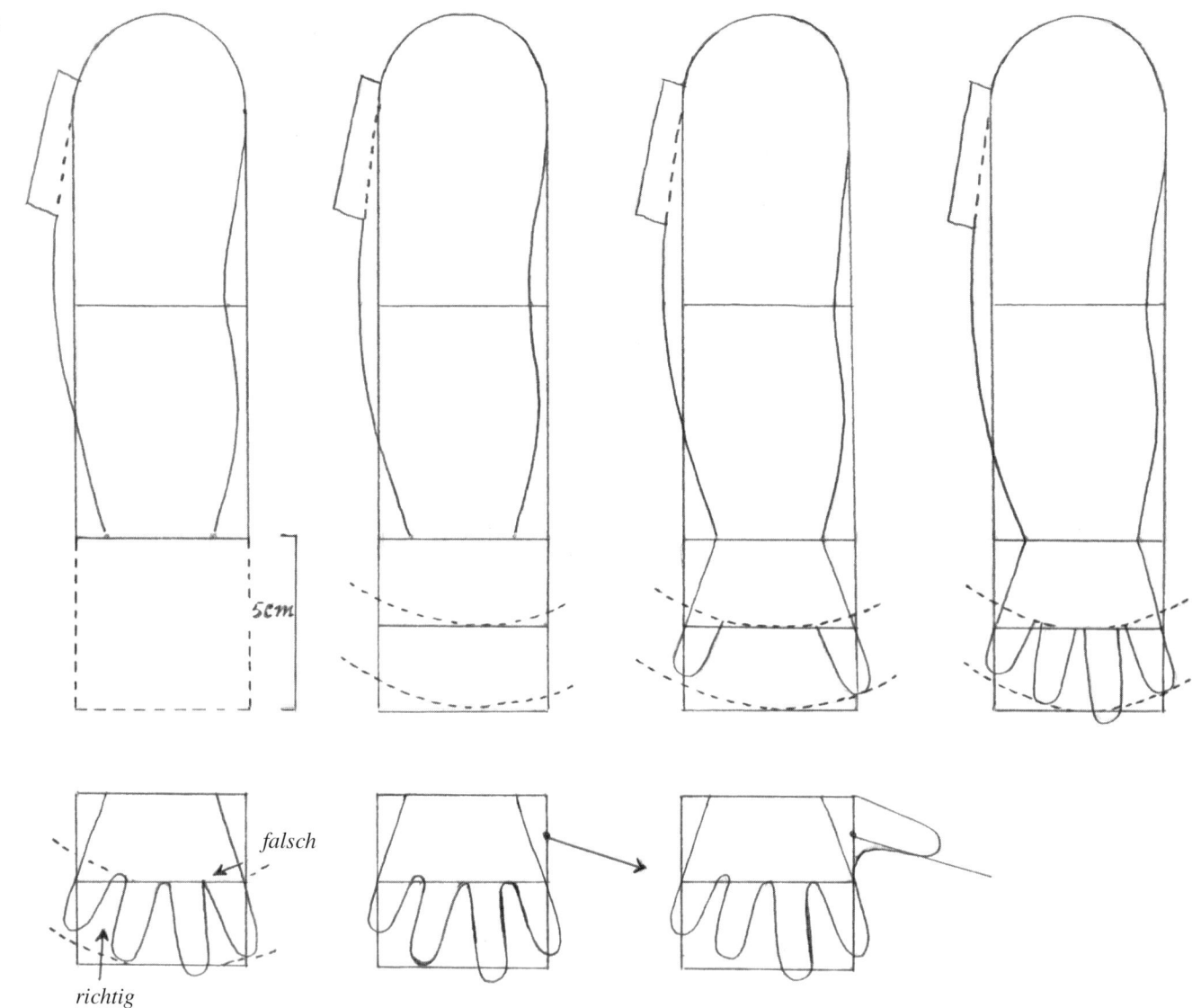

35 Das Zeichnen einer Hand.

DAS HERSTELLEN DES KÖRPERS UND DER GLIEDMASSEN

Der Körper
Sie brauchen dazu:
– ungebleichten Baumwollstoff
– Nähseide
– Stecknadeln
– Schere
– Füllmaterial

Legen Sie den Körperschnitt schräg auf den Stoff, der doppelt liegen muß. Umfahren Sie den Schnitt mit einem Stift und schneiden Sie mit 1 cm Nahtzugabe aus. Steppen Sie den Körper auf der Nähmaschine mit Steppstich Nr. 1, das ist der kleinste Stich; lassen Sie die Öffnung für den Hals frei. Schneiden Sie die Nähte bis auf 1/4 cm ab und schneiden Sie die Rundungen bis zum Stich ein. Dieses Einschneiden soll verhindern, daß der Stoff sich verzieht.
Wenden Sie den Körper und füllen ihn so fest wie möglich mit Füllmaterial. Lassen Sie beim Hals etwas frei, darin wird später der Kopf befestigt. Schlagen Sie dafür das angeschnittene Teil für den Hals nach innen.

Das Bein
Sie brauchen dazu:
– ungebleichten Baumwollstoff
– Füllmaterial
– selbsthärtenden Ton
– Nähzeug
Schneiden Sie das Bein mit Nahtzugabe aus.

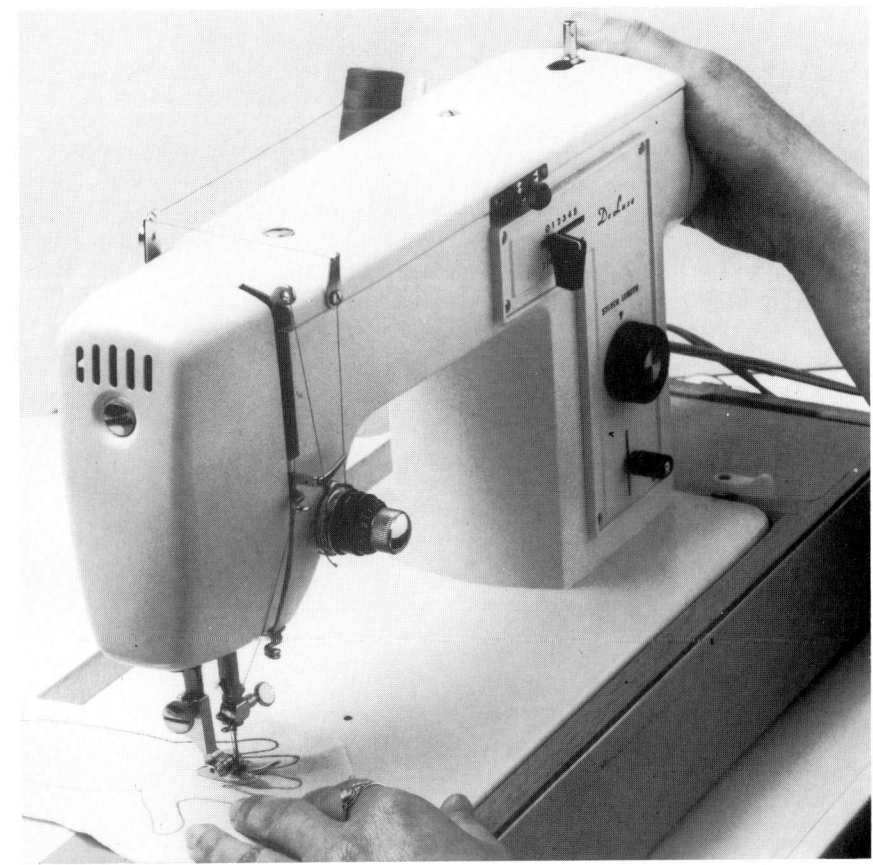

36 Das Steppen der Finger muß sehr sorgfältig geschehen.

32 Hände und Arme

Sie brauchen dazu:
– ungebleichten Baumwollstoff
– Nähseide
– Stecknadeln
– Schere
– Nadel mit scharfer Spitze

Umfahren Sie den Schnitt der Arme
mit einem Stift auf dem Stoff. Sorgen
Sie dafür, daß die Hände *immer* schräg
auf dem Stoff liegen.
Schneiden Sie den Arm mit 1 cm
Nahtzugabe aus. Achten Sie besonders
auf die Naht an den Händen. Steppen
Sie die Arme auf der Nähmaschine mit
Stich Nr. 1 und lassen Sie das Teil an
den Oberarmen offen. Arbeiten Sie bei
den Fingern sehr sorgfältig. Halten Sie
die Hand dabei am Nähmaschinenrand
(Abb. 36) und führen Sie auf diese
Weise die Nadel durch den Stoff.
Achten Sie besonders auf die Rundungen *zwischen* den Fingern. Schneiden
Sie den Arm mit 1/4 cm Nahtzugabe
aus und schneiden vorsichtig mit einer
spitzen Schere an den Rundungen der
Finger bis zur Naht ein (Abb. 37).
Wenden Sie die Hand durch die Öffnung am Oberarm und holen ganz
vorsichtig mit einer festen, spitzen
Nadel Finger für Finger nach außen
(Abb. 38). Machen Sie das sehr vorsichtig. Steppen Sie, wenn nötig, ein
paar Probehändchen und machen Sie
die Finger am Anfang nicht zu schmal.
Sie werden sehen, daß Sie nach einiger
Übung die Händchen mühelos wenden
können. Sollten Sie die Fingerchen
beim Wenden doch etwas beschädigt
haben, dann können Sie diese nach
dem Füllen mit Modelliermasse nach-
arbeiten.

37 Schneiden Sie mit einer spitzen Schere bis an die Stiche.

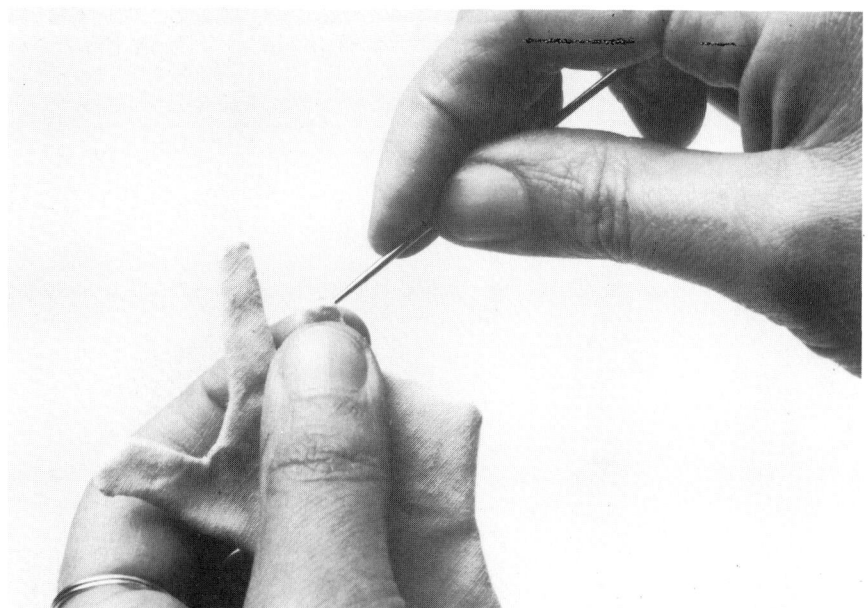

38 Holen Sie mit einer spitzen Nadel die Finger nach außen.

Farbbild 5: Drahtfigur mit Weinblatt aus Modelliermasse.

DAS FÜLLEN VON ARMEN UND BEINEN

Finger und Arme

Sie brauchen dazu:
– Draht Nr. 4
– Rundzange
– Schaschlikstäbchen
– Füllmaterial

Die Händchen liegen nun gewendet vor Ihnen. Sie müssen sie vor dem Füllen mit Draht versteifen. Schneiden Sie mit der Zange ein Stück Draht ab, ungefähr 50 cm. Biegen Sie ihn in der Mitte und nehmen Sie ihn als Mittelfinger her.

Verbreitern Sie diese Mitte mit der Rundzange, etwas breiter als den Stoff des Mittelfingers. Halten Sie mit Ihren Fingern der einen Hand das Drahtfingerchen auf dem Platz und formen mit den Fingern der anderen Hand die übrigen Drahtfinger. Um das Biegen zu vereinfachen, können Sie am besten das Stoffhändchen unter das Drahthändchen legen (Abb. 40).

Arbeiten Sie von der Mitte aus nach links und nach rechts, bis alle Drahtfinger gemacht sind. Die Drahtenden kommen beim Handgelenk zusammen. Drehen Sie die Enden ein paarmal umeinander und schneiden den Rest mit der Zange ab. Biegen Sie die Drahtfinger zusammen, stecken sie durch die Öffnung im Oberarm und schieben Sie sie auf ihren Platz (Abb. 42).

Biegen Sie dann die Fingerchen wieder auseinander.

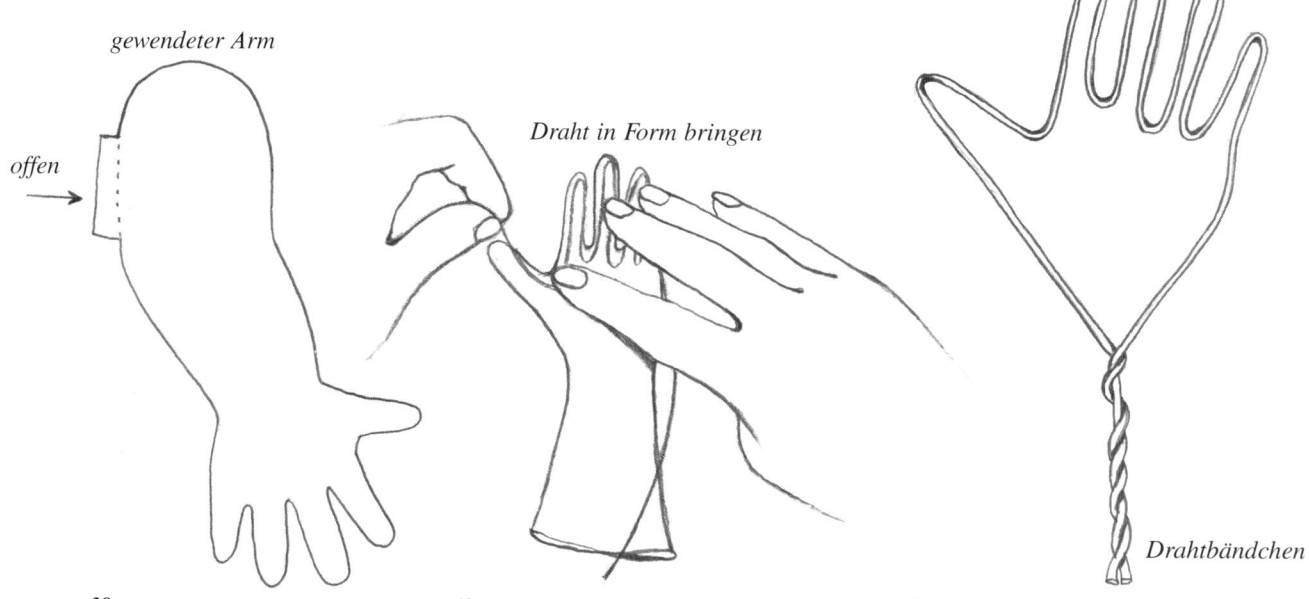

gewendeter Arm

offen →

Draht in Form bringen

Drahtbändchen

39   40   41

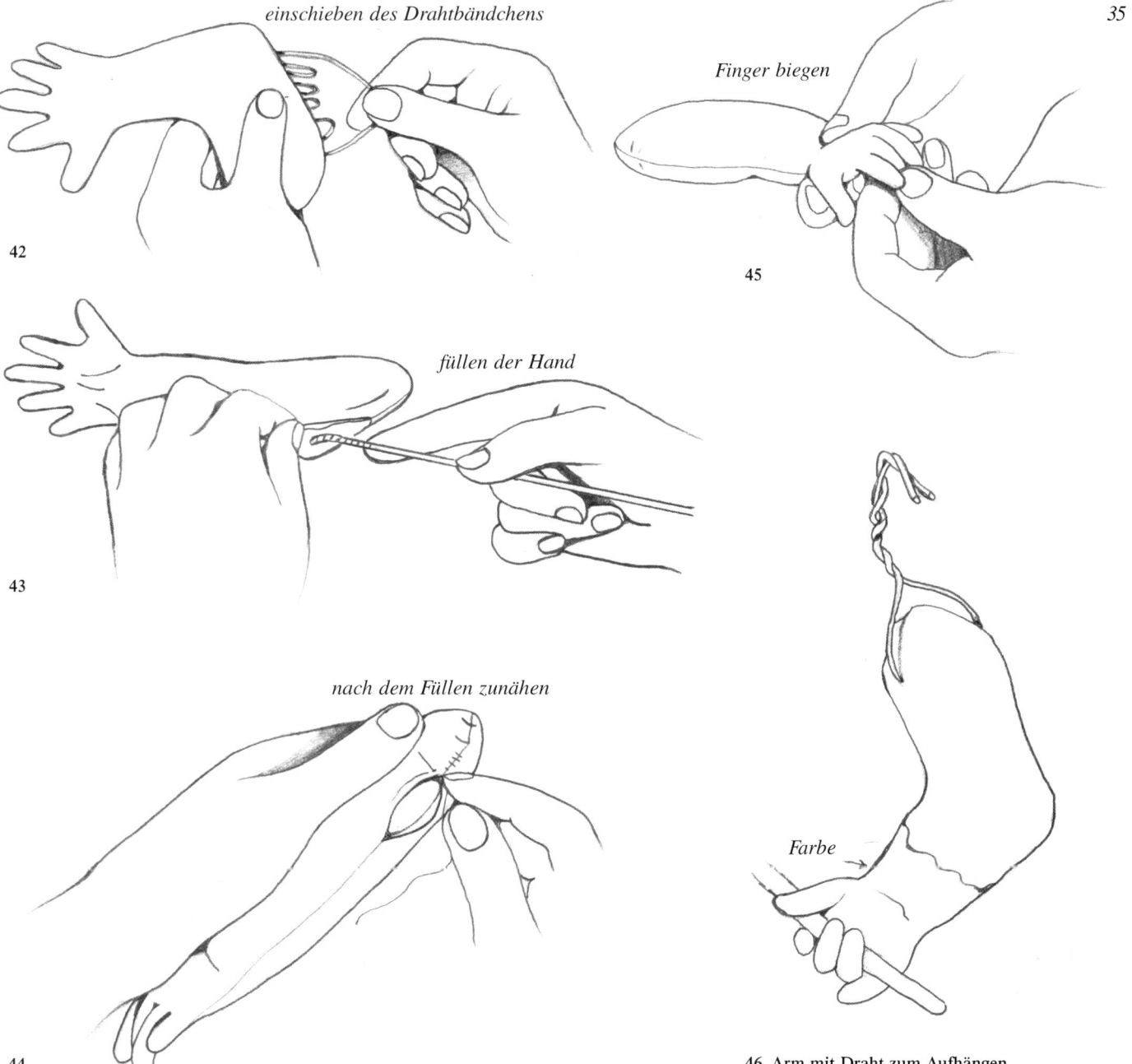

einschieben des Drahtbändchens

42

Finger biegen

45

füllen der Hand

43

nach dem Füllen zunähen

44

Farbe

46 Arm mit Draht zum Aufhängen.

36 Legen Sie diese so vor sich hin, daß
Sie eine linke und eine rechte Hand
haben.
Die Daumen zeigen also zueinander.
Nehmen Sie dann ein Schaschlikstäbchen. Umwickeln Sie dieses mit etwas
Füllmaterial und füllen auf diese Weise
die Finger (Abb. 43). Füllen Sie dann
die Handfläche, sorgen Sie dafür, daß
sie nicht zu dick wird. Dann kann der
Arm weiter aufgefüllt werden. Diesen
etwas fester füllen, sonst gibt es häßliche Falten.
Nähen Sie die Öffnung mit der Hand
zu. Biegen Sie die Finger in die gewünschte Form. Dies muß vor dem
Färben geschehen, da sonst die Farbe
abbröckelt. Zuletzt ziehen wir durch
Oberarm und Oberbein ein Stückchen
Draht und drehen dieses zu einem Haken. Daran können wir sie zum Färben
und Trocknen aufhängen. Sie können
es auf diese Art herstellen, Sie können
aber auch eine Lage Modelliermasse
darüber geben (Abb. 47).

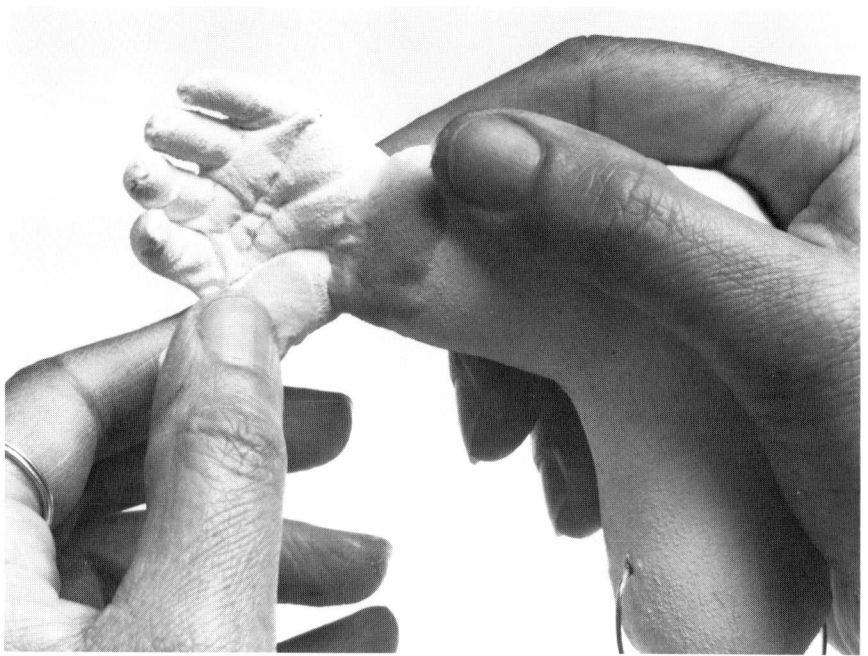

47 Bringen Sie mit Modelliermasse etwas Form an die Hände.

Arbeitsweise für eine stehende Puppe mit Schuhen

Wenden Sie das Bein. Stecken Sie bis
zur Hälfte der Wade eine Stecknadel
und füllen Sie das obere Bein fest mit
Füllmaterial. Nähen Sie die offene
Stelle mit der Hand zu.
Holen Sie die Stecknadel heraus.
Füllen Sie den unteren Teil des Beines
und den Fuß mit selbsthärtendem Ton.
Schieben Sie den Ton mit dem Stiel
eines Kochlöffels *sehr fest* gegen den
Kapok an. Das muß so fest wie möglich geschehen, sonst bekommt das
Bein nach dem Trocknen häßliche Falten. Der Ton schrumpft beim Trocknen. Stoßen Sie den Fuß auf einer
glatten Fläche platt, damit er eine feste
Standfläche bekommt.

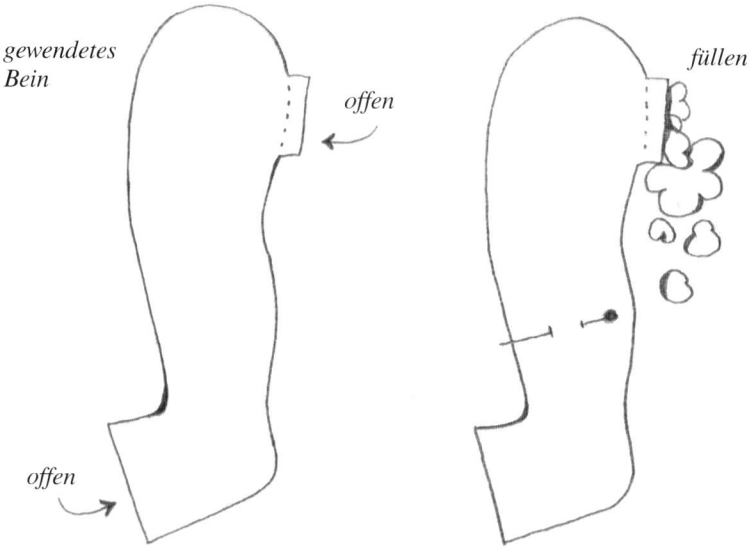

gewendetes Bein *offen* *füllen* *offen*

48 Das Füllen des Beines.

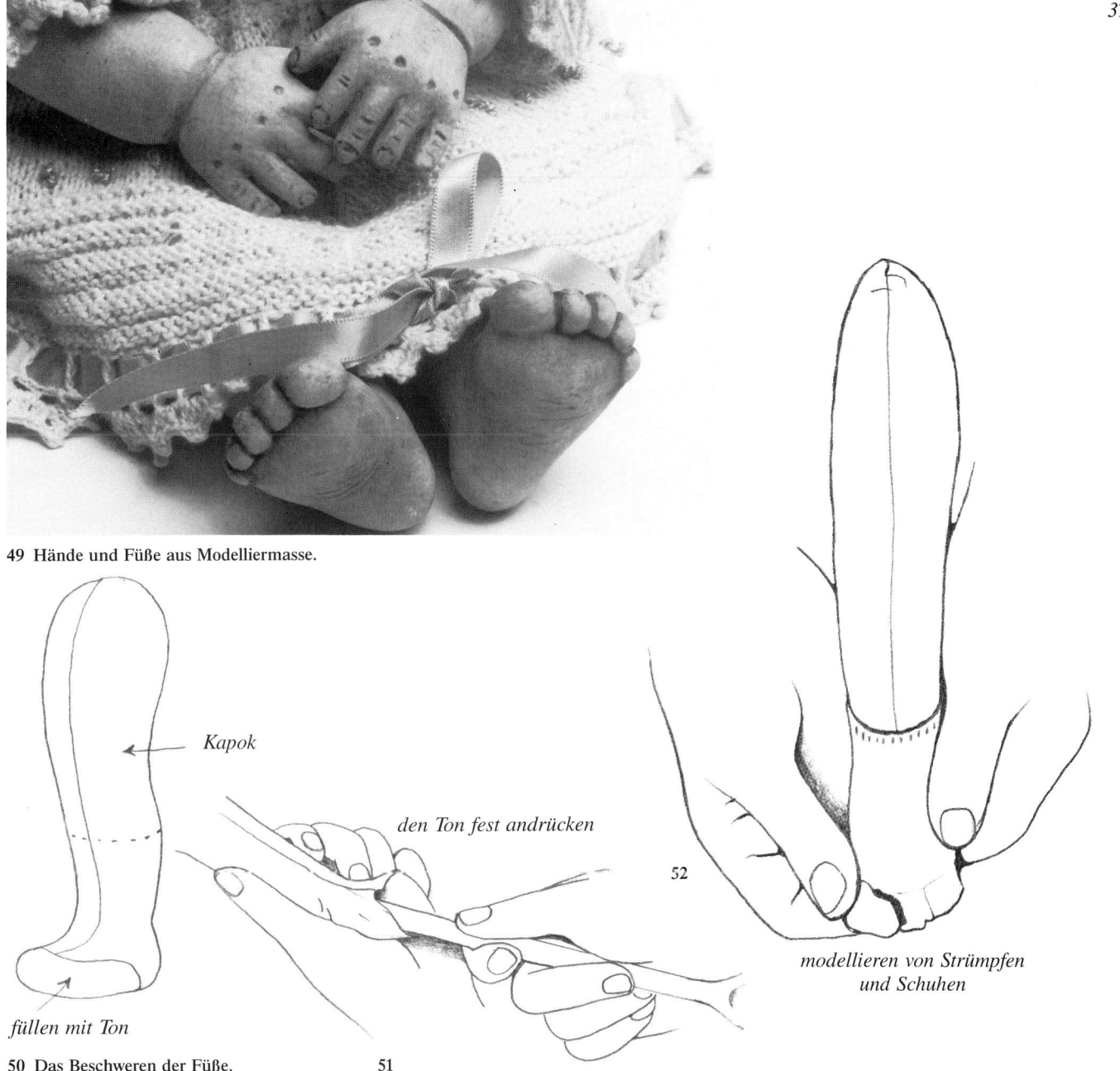

49 Hände und Füße aus Modelliermasse.

Kapok

den Ton fest andrücken

52

füllen mit Ton

modellieren von Strümpfen und Schuhen

50 Das Beschweren der Füße.   51

Entfernen Sie den überschüssigen Ton, der aus dem Vorderfuß quillt, drücken Sie mit den Fingern den Vorfuß etwas platt und schneiden ihn mit der Schere rund. Lassen Sie das Bein stehend trocknen. (Seite 39).

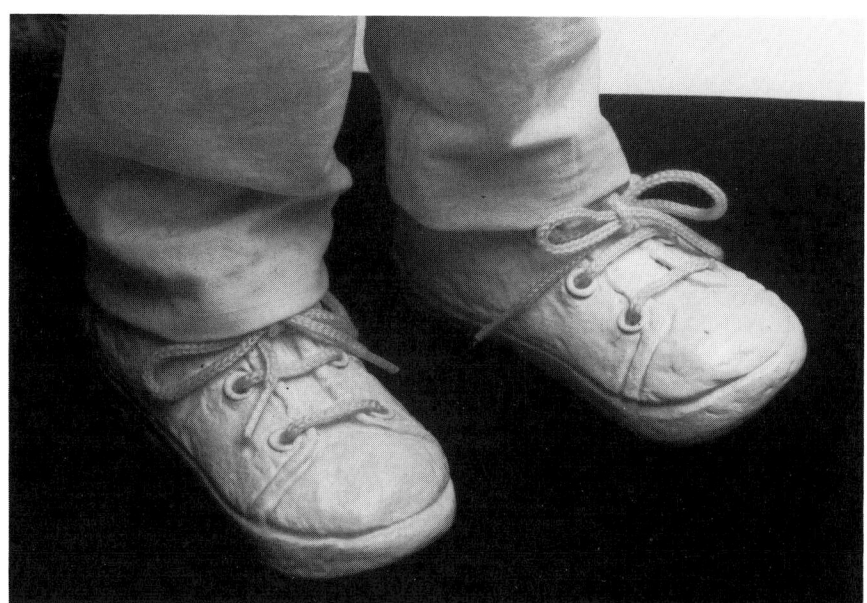

54 Turnschuhe aus Modelliermasse.

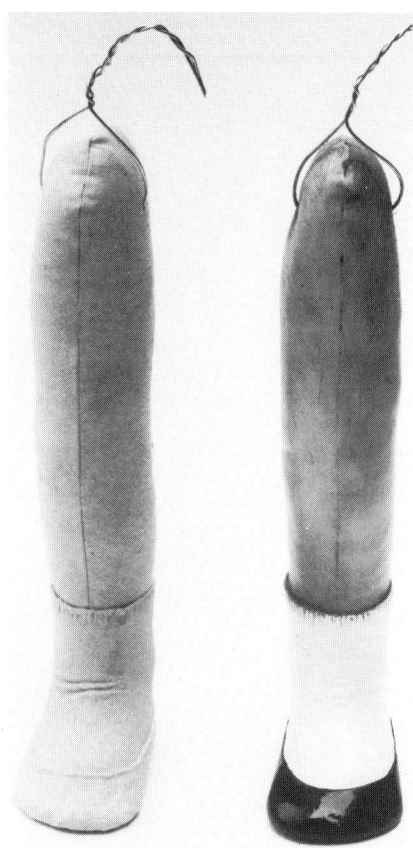

53 Anmodellierte Schuhe und Strümpfe vor und nach dem Färben.

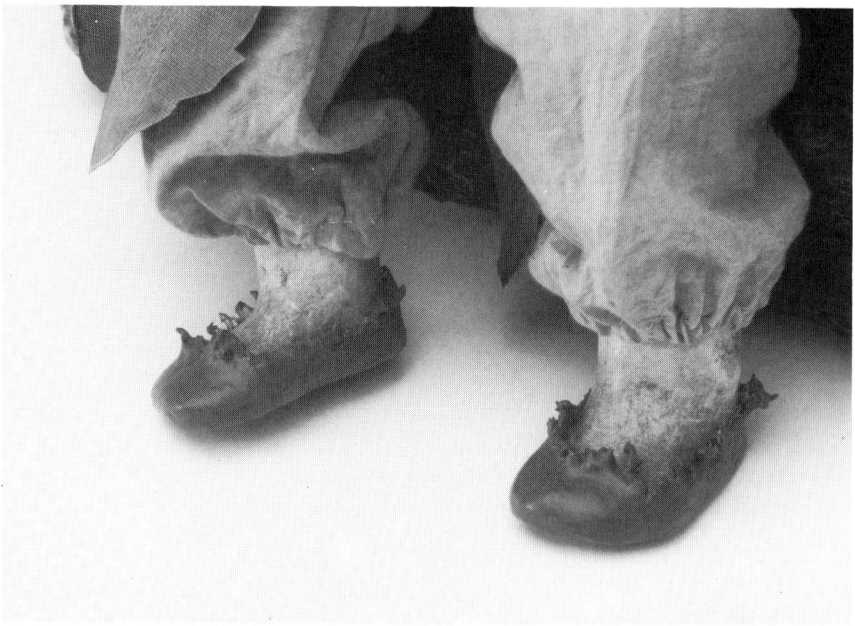

55 Anmodellierte Schuhe.

Zwei Möglichkeiten, Schuhe herzustellen

1.) Wenn der Ton trocken ist, modellieren Sie mit Modelliermasse Strümpfe und Schuhe an den Fuß. Nach dem Trocknen glatt schleifen.

2.) Ziehen Sie der Puppe später Strümpfe und Schuhe an, die Sie selber aus Stoff oder Leder hergestellt haben. Die erste Art aber bietet Ihnen mehr Möglichkeiten der Gestaltung. Strümpfe und Schuhe können Sie später mit in das Färben der Kleidung einbeziehen.

56 Mädchen mit Haar aus einer Perücke.

40 **Arbeitsweise für eine sitzende Puppe
mit nackten Füßen**

Steppen Sie das Bein auf der Nähmaschine mit Stich Nr. 1. Lassen Sie die
Füllöffnungen am Vorfuß und am
Schenkel offen. Legen Sie die Ober-
und Unternaht des Vorfußes aufeinander und steppen eine runde Form.
Schneiden Sie die überflüssigen Eck-
chen ab. Wenden Sie das Bein durch
die Öffnung am Oberschenkel.
Füllen Sie das Bein im Ganzen sehr
fest und schließen die Naht. Geben Sie
mit einem Stift den Zehenansatz am
Vorfuß an. Ziehen Sie einen festen Faden durch die Nadel. Stechen Sie unter
dem Ansatz von der großen Zehen in
den Stoff und holen den Faden wieder
nach oben. Das gleiche zweimal bei je-
der Zehe. Sie können den Fuß gleich
fertigstellen, aber Sie können ihn auch
mit Modelliermasse mehr Form geben.

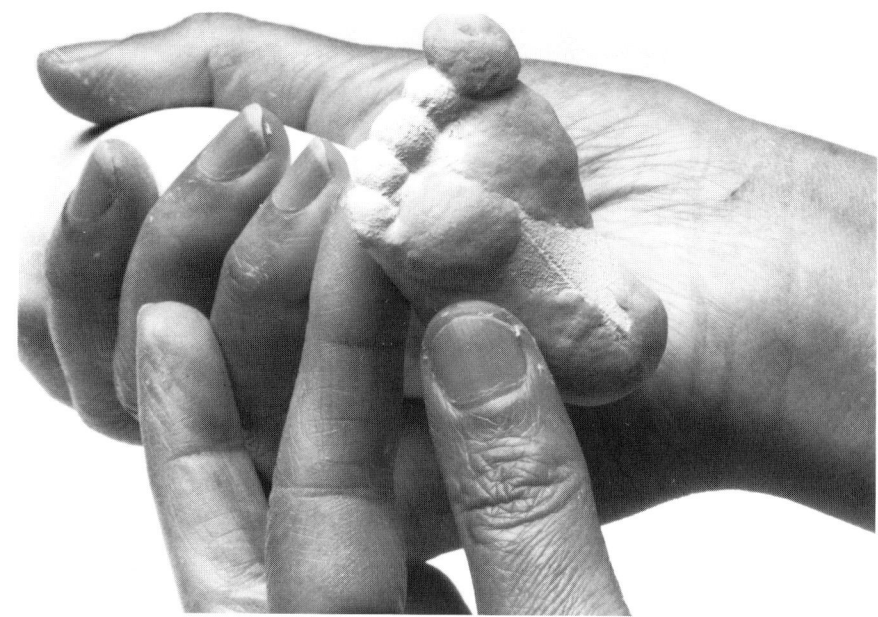

58 Mit Modelliermasse können Sie die Füßchen gut formen.

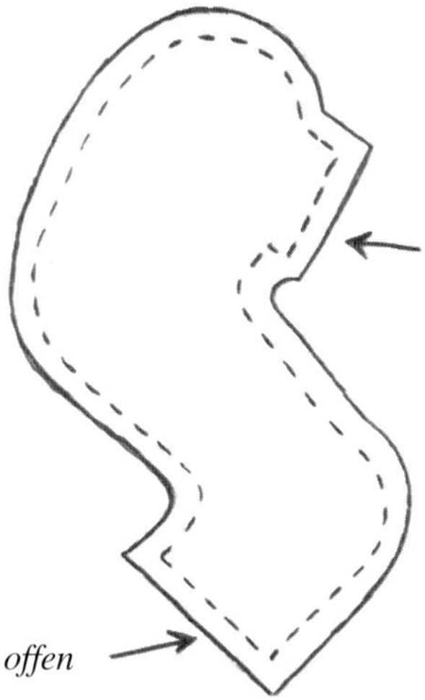

rundherum steppen

offen

offen

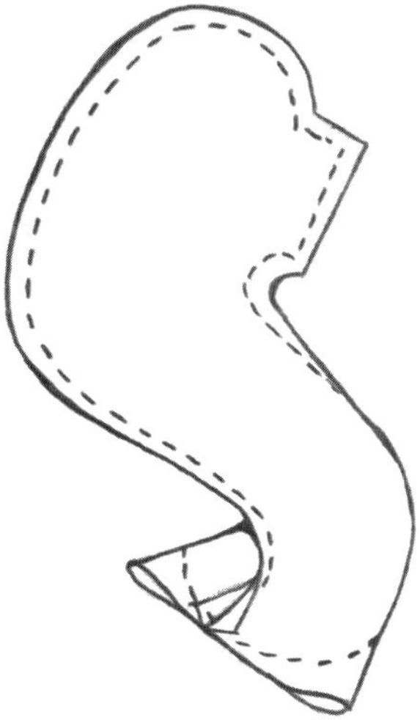

flach legen und rund steppen

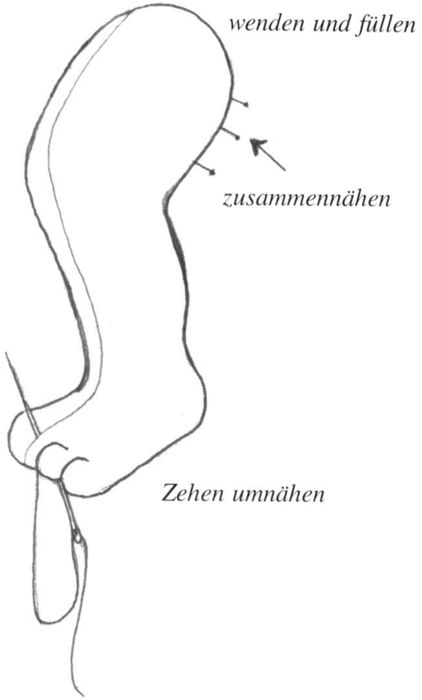

wenden und füllen

zusammennähen

Zehen umnähen

57 Das Füllen des Beines und das Formen des Fußes.

DAS SCHLEIFEN DES KOPFES

Sie brauchen dazu:
- Sandpapier von fein bis grob
- einen weichen Pinsel zum Abstauben
- Stecknadeln oder Leim

Wenn der Kopf trocken ist (ungefähr nach einer Woche), können Sie ihn schleifen. Die großen Flächen, Schädel und Wangen, können erst mit grobem Sandpapier bearbeitet werden.

Danach wird der Kopf mit dem allerfeinsten Sandpapier abgerieben.
Das Schleifen muß sehr intensiv und sorgfältig geschehen. Sehr wichtig ist, daß Sie beim Schleifen auf die Augenlider achten und die Augen nicht beschädigen. Wenn der Kopf keine Unebenheiten mehr zeigt, entfernen Sie mit einem weichen Pinsel die Staubreste und stecken den Kopf mit dem

Hals in den bereits gefüllten Körper. Befestigen Sie den Hals am Stoff mit Nadeln oder Klebstoff. Um ruhig arbeiten zu können, setzen Sie den Körper in ein Glas oder einen Becher, damit Sie die Hände frei haben.

Kopf einstecken

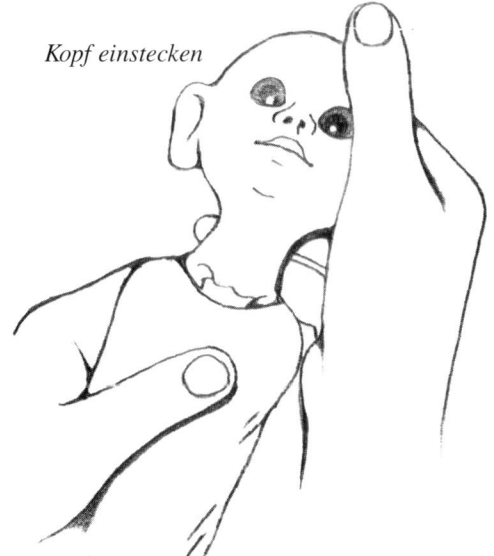

feststecken

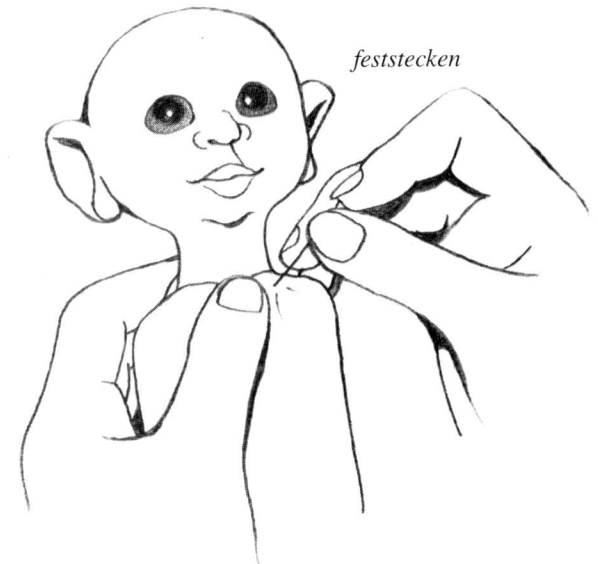

59 Das Befestigen des Kopfes im Körper.

DAS HERSTELLEN VON EINEM BRUSTSTÜCK

Sie brauchen dazu:
– Bleistift
– angemachtes Modellierpulver
– grobes und feines Sandpapier
Zeichnen Sie mit Bleistift die Länge

des Bruststücks auf den Körper.
Befeuchten diesen Teil mit Wasser, damit die Modelliermasse besser hält.
Tragen Sie eine Lage Paste (Ungefähr 0,5 cm dick) auf, und glätten Sie sie.

Lassen Sie den oberen Rand glatt in den Hals verlaufen. Lassen Sie das Bruststück ungefähr 4 Tage trocknen und, schleifen Sie es mit dem feinsten Sandpapier glatt.

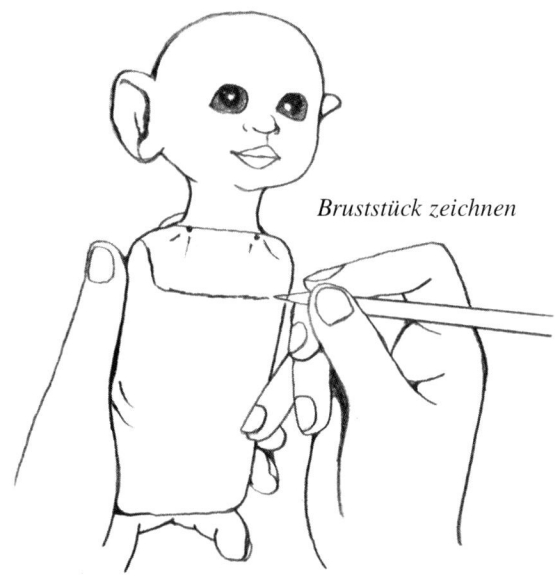

Bruststück zeichnen

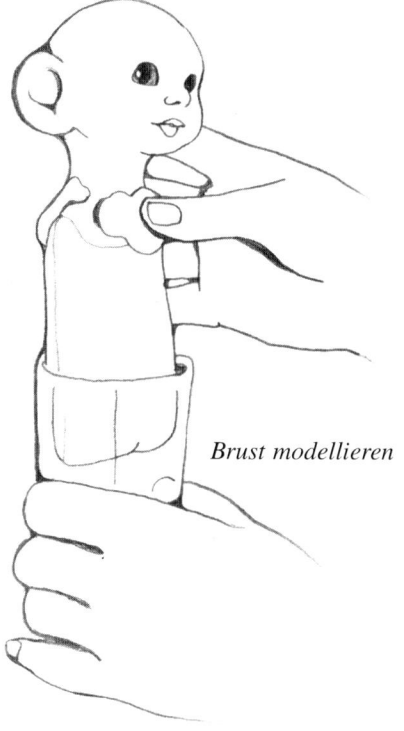

Brust modellieren

60 Das Herstellen von einem Bruststück.

61 Mädchen mit gestricktem Kleid.

DAS FÄRBEN DES KOPFES UND DER GLIEDER (DAS PRÄPARIEREN)

Sie brauchen dazu:
- weiße Latexfarbe
- weißen Seidenmattlack
- hellrosa Seidenmattlack
- Ölfarbpinsel Nr. 8 oder 10
- Wasser und Terpentin zum Verdünnen von Latex und Lack
- Glas oder Becher
- feinstes Schleifpapier

Sie präparieren Kopf und Gliedmaßen durch die Behandlung mit verschiedenen Farblagen. Sie schleifen Kopf und Bruststückchen, Beine mit evtl. anmodellierten Strümpfen und Schuhen und die Arme glatt.

Sie beginnen mit einer Lage weißer Latexfarbe auf allen oben genannten Teilen. Streichen Sie die Farbe so glatt wie möglich aus, damit keine Streifen entstehen. Sollte die Farbe zu dick sein, verdünnen Sie mit Wasser. Streichen Sie auch über die Augen. Es ist nämlich sehr wichtig, daß selbst das kleinste Stückchen Augenlid bemalt wird. Das geht nicht, ohne die Augen zu treffen. Darum streichen Sie auch über die Augen. Sie brauchen keine Angst zu haben, die Augen zu beschädigen, denn die Nadel, mit der Sie die Farbe wieder abkratzen, beschädigt das Glas nicht.

Benützen Sie deshalb keine Plastikaugen. Färben Sie deshalb den ganzen Kopf. Spülen Sie nach dem Färben den Pinsel mit Wasser aus. Setzen Sie den Kopf zum Trocknen auf ein Glas oder einen Becher. Hängen Sie Arme und Beine an einem Haken auf.

Nach ungefähr 2 Stunden können Sie alles vorsichtig mit feinstem Schleifpapier bearbeiten. Wiederholen Sie diese Farb- und Schleifarbeit noch einmal. Tragen Sie dann mit Ölfarbpinsel Nr. 8 oder 10 folgende Farblage auf. Hierzu nehmen Sie weißen Seidenmattlack. Verdünnen Sie, wenn nötig, diesen mit etwas Terpentin. Bemalen Sie alle Teile mit kurzen Strichen. Achten Sie sehr

darauf, daß keine Tropfen oder Streifen entstehen. Nach dem Auftragen der Hautfarbe sind sie besonders sichtbar. Malen Sie auch wieder über die Augen. Lassen Sie diese Farblage mindestens einen Tag lang trocknen, bevor Sie weiterarbeiten. Lesen Sie vor dem Auftragen der letzten Farblage erst den Abschnitt über das Färben der Haare auf Seite 54. Für die letzte Lage benützen Sie hellrosa Seidenmattlack, wobei Sie die Augen nicht auslassen. Lassen Sie diese Farblage mindestens einen Tag trocknen.

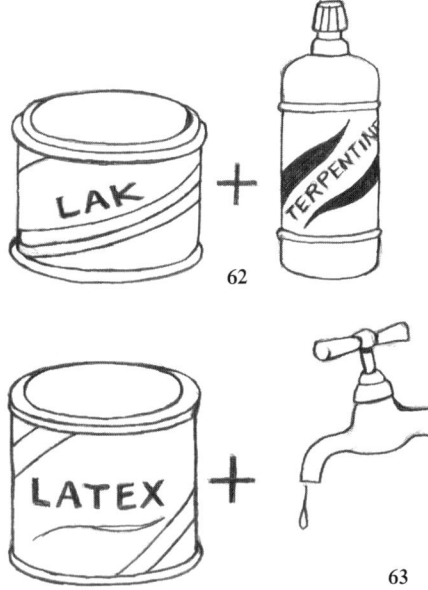

62

63

Das Färben der Augen

Sie brauchen dazu:
– weißen Seidenmattlack
– Marderhaarpinsel Nr. 1 oder 2
– Stopfnadel
– Terpentin
– weiches Tuch
– Wattestäbchen
– Ammoniak

Kratzen Sie mit einer Stopfnadel die Farbe von den Augen, achten Sie darauf, daß Sie die umliegende «Haut» nicht beschädigen. Machen Sie das saubergekratzte Auge fett- und farbfrei mit einem Wattestäbchen, das sie in ein bißchen Ammoniak getaucht haben. Treffen Sie erst ein paar Vorbereitungen: Legen Sie auf eine Zeitung weißen Seidenmattlack, ein Schälchen mit Terpentin, ein weiches Tuch und den Marderhaarpinsel.

Sind Sie Rechtshänder, so beginnen Sie mit dem linken Auge. Sind Sie Linkshänder, beginnen Sie mit dem rechten Auge. Bemalen Sie die Augen mit weißem Lack. Wir machen das aus folgendem Grund: Sie passen das eine Auge besser an das andere an. Bemalen Sie nicht beide Augen gleichzeitig, arbeiten Sie erst ein Auge fertig. Wenn Sie ein Auge mit weißer Farbe angemalt haben, geht es wie folgt weiter: Spülen Sie den Pinsel mit Terpentin, streichen Sic lcicht übcr das Tuch, damit er nicht mehr zu naß ist, fahren Sie über die Mitte des Auges, damit die Iris zum Vorschein kommt. Es ist bestimmt nicht einfach, die Iris schön rund zu bekommen. Aber wenn Sie jedesmal den Pinsel gut ausspülen, abstreifen und mit einer runden Bewegung das Auge abstreifen, muß es gelingen.

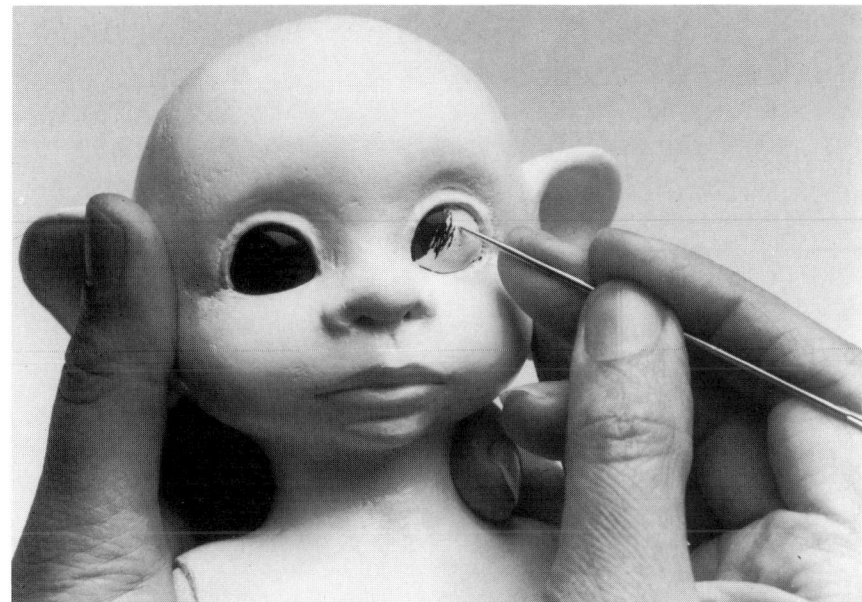

64 Kratzen Sie vorsichtig die Farbe aus den Augen.

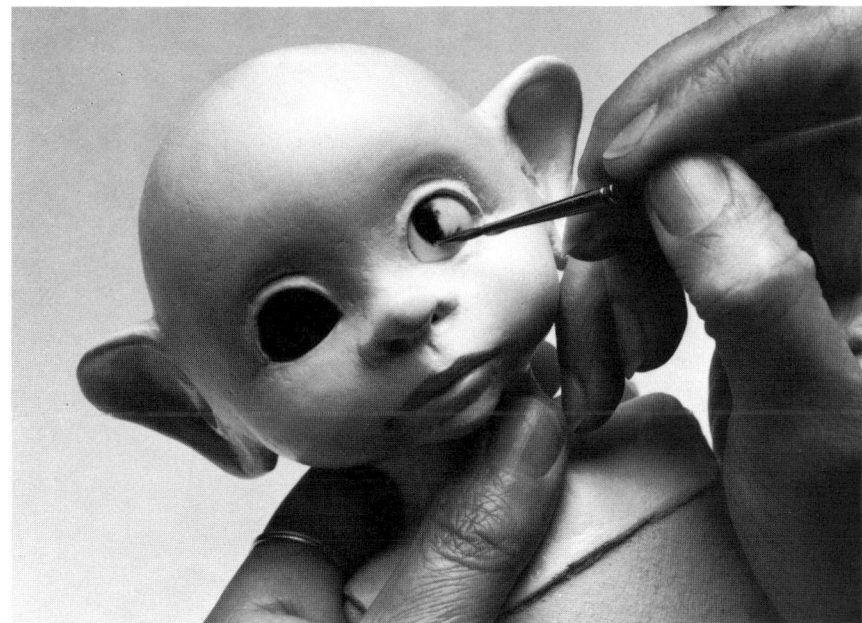

65 Holen Sie mit einem beinahe trockenem Pinsel die Iris heraus.

46 Das Auftragen der Hautfarbe (abtönen)

Wenn Sie mit der Arbeit beginnen, sorgen Sie dafür, daß Sie genügend Zeit haben. Ziehen Sie den Stecker aus dem Telefon, schicken Sie alle Hausgenossen zur Tür hinaus. Das klingt sicher etwas übertrieben, aber damit will ich sagen, daß Sie bei dieser Arbeit nicht gestört werden dürfen. Das Warum wird deutlich beim Arbeiten.

Sie brauchen dazu:
– alte Kleidung
– Zeitung
– Ölfarbe in den Farben Indischrot, Englischrot, Marsviolett, van Dijckbraun, Titanweiß
– Terpentin
– alte Tellerchen oder Blechdeckel
– Verschlüsse von Limonadenflaschen
– Ölfarbpinsel Nr. 8 oder 10
– weiches Tuch

Bringen Sie auf einen Teller oder Dekkel 4 cm van Dijckbraun, 4 cm Titanweiß, 2 cm Marsviolett, 2 cm Englischrot und 1 cm Indischrot, mischen Sie es mit einem Tröpfchen Terpentin zu einer glatten Masse. Färben Sie damit alle gelackten Teile, auch wieder über die Augen. Glauben Sie nicht, daß es falsch ist, wenn alles lilabraun aussieht. Sie mischen gleich alles vorsichtig wieder weg, es kommt alles in Ordnung! Sie lassen der Hautfarbe den feuchten Glanz verlieren (ungefähr 15 Minuten) und putzen dann ganz vorsichtig mit einem ganz weichen Tuch die Farbe weg, so daß eine für Sie akzeptable Farbe zum Vorschein kommt. Das Resultat wird am schönsten, wenn Sie mit kreisenden Bewegungen und nicht zu hart

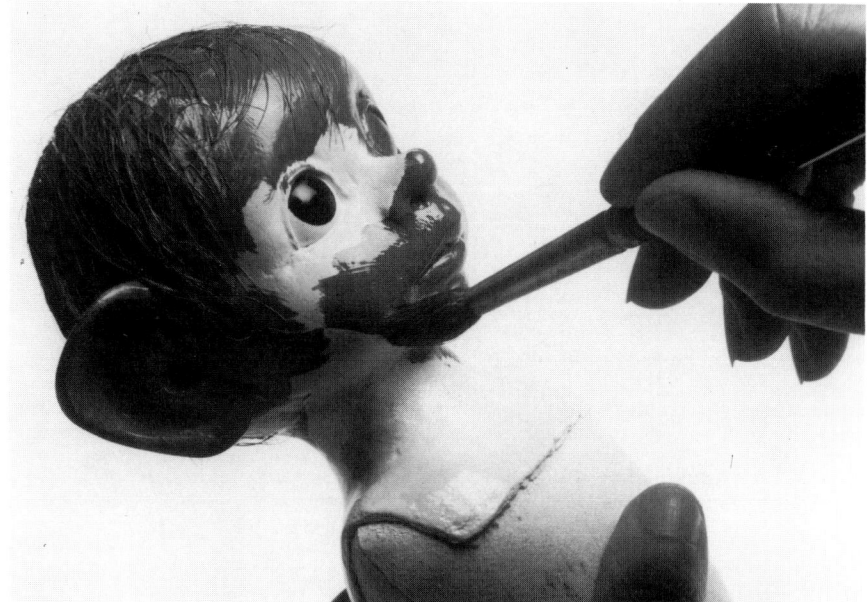

66 Das Auftragen der Hautfarbe.

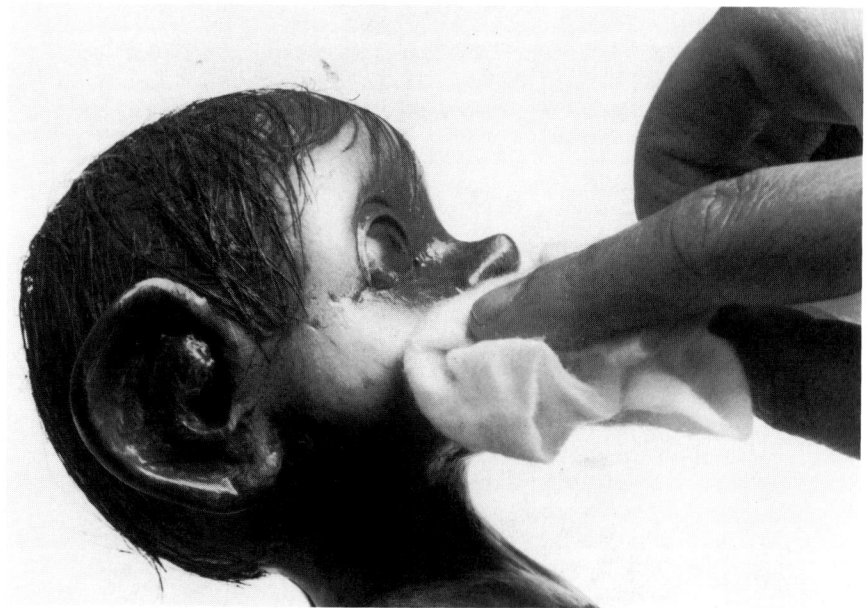

67 Putzen Sie mit einem weichen Tuch die dunkle Farbe vorsichtig weg.

68 Lassen Sie für eine ältere Person in den Falten und Runzeln die Farbe sitzen.

Farbbild 6: Kleeblättchen. Drahtfigur mit echtem Klee.

69 Putzen Sie für ein Kinderköpfchen mehr Hautfarbe weg.

arbeiten. Es ist besser, vorsichtig Farbe wegzuholen, als neue aufzutragen. Einige Richtlinien sind natürlich zu beachten. Machen Sie einen Charakterkopf, dann lassen Sie mehr Farbe in den Falten um die Augen, die Nase und den Mund sitzen. Das gibt dem Gesicht Expressivität (Abb. 68).

Für ein Babyköpfchen müssen Sie vielmehr Farbe wegnehmen, damit es den weichen Ausdruck bekommt (Abb. 69). Sie müssen nicht die oben genannten Farben verwenden. Experimentieren Sie ruhig mit anderen Tönen. Das Resultat kann überraschend sein. Rühren Sie eine Woche lang die bemalten Teile nicht mit den Fingern an. Es könnten Fingerabdrücke entstehen und Ihr ganzes Werk zunichte machen.

Suchen Sie in der Wohnung den ruhigsten Platz zum Trocknen. Nach dem Trocknen kann alles gefirnist werden. Benützen Sie matten Firnis, nur für die Augen brauchen Sie einen glänzenden.

Farbbild 7: Pisserle, Gliederpuppe.

Sie brauchen dazu:
– echte Perücke oder Puppenperücke
– Technicol Hobbyleim
– Bleistift
– Pfriem
– den hellrosa Lack, den Sie für das Färben von Kopf und Gliedmaßen verwendet haben.

Das Machen von einer passenden Perücke (Seite 53).
Die Haartracht ist auch wieder abhängig von dem Typ Puppe, den Sie in Arbeit haben. Sie können natürlich eine fertige Puppenperücke im Hobbyladen kaufen, aber ist es viel lustiger, sie selbst aus den Resten einer echten Perücke zu machen. Sie können eine alte Perücke zerlegen. Sie haben dann lange, schmale Strähnen Haar auf einem schmalen textilen Streifen, den Sie rund um den Kopf zu einer Perücke formen.
Nehmen Sie für ein Puppenkind nicht zu langes Haar und halten Sie den Abstand der Streifen für den Haaransatz. Beginnen Sie im Nacken, bringen Sie etwas Leim auf den Textilstreifen, achten Sie darauf, daß das Haar der Streifchen auf der «Kopfhaut» liegt und kleben Sie es so rund um den Kopf.

Arbeiten Sie auf diese Weise rund herum bis in der Kopfmitte die Größe von einem «Fünferl» frei bleibt. Die Streifen auf dem Kopf sollen einander nicht berühren, der Abstand dazwischen kann ein paar Millimeter betragen.

70 Zerlegen Sie die alte Perücke.

Machen Sie zum Schluß aus einem Streifen Haar einen Schopf: Rollen Sie den Haarstrang auf (das Haar muß außen liegen), umwickeln Sie das aufgerollte Strähnchen direkt über dem Textilstreifen sehr fest. Schneiden Sie den Streifen jetzt ab.

71 Zwei Beispiele für Haartrachten.

72 Puppe mit gefärbtem Haar.

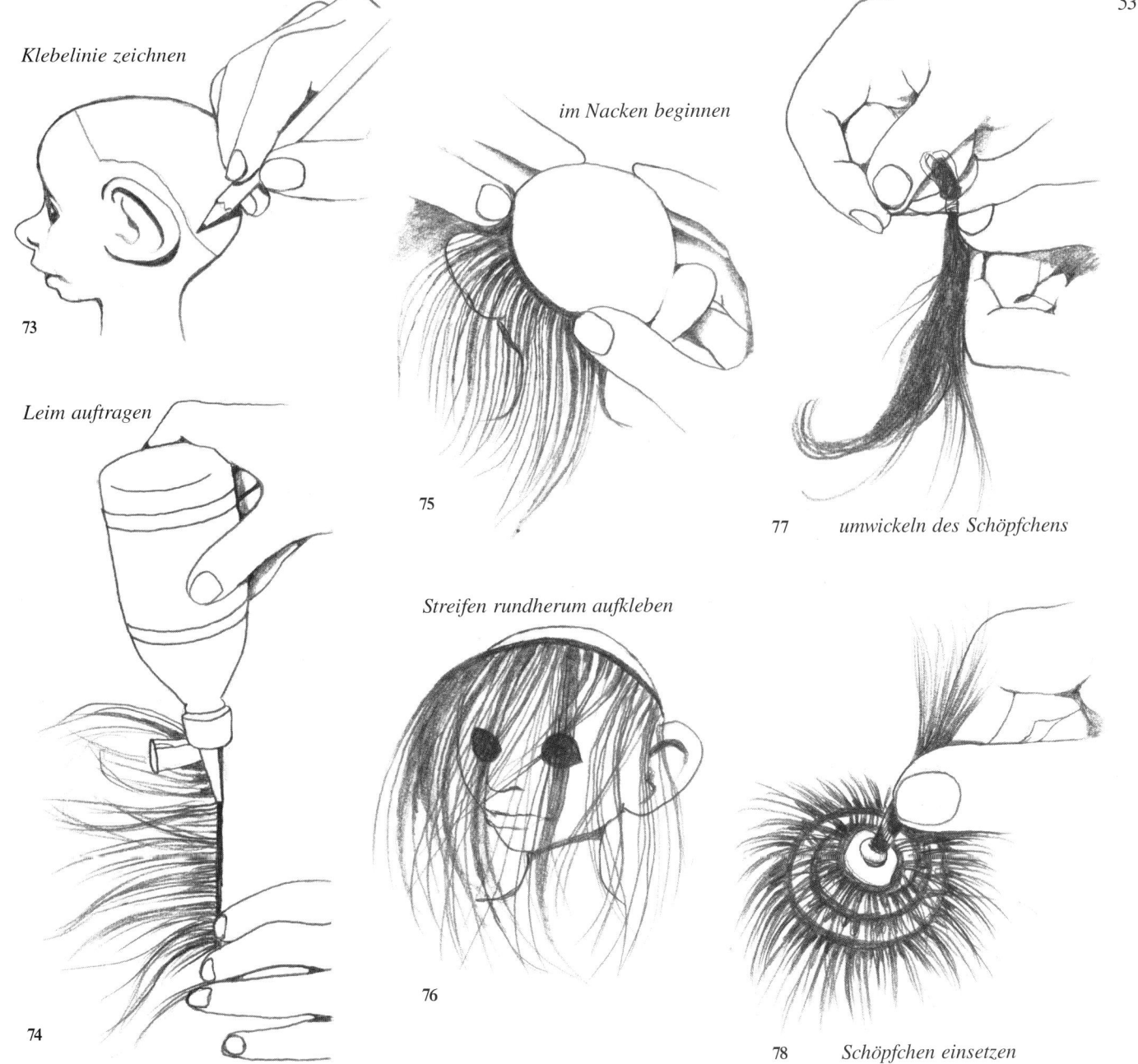

Klebelinie zeichnen

73

Leim auftragen

74

im Nacken beginnen

75

Streifen rundherum aufkleben

76

77 *umwickeln des Schöpfchens*

78 *Schöpfchen einsetzen*

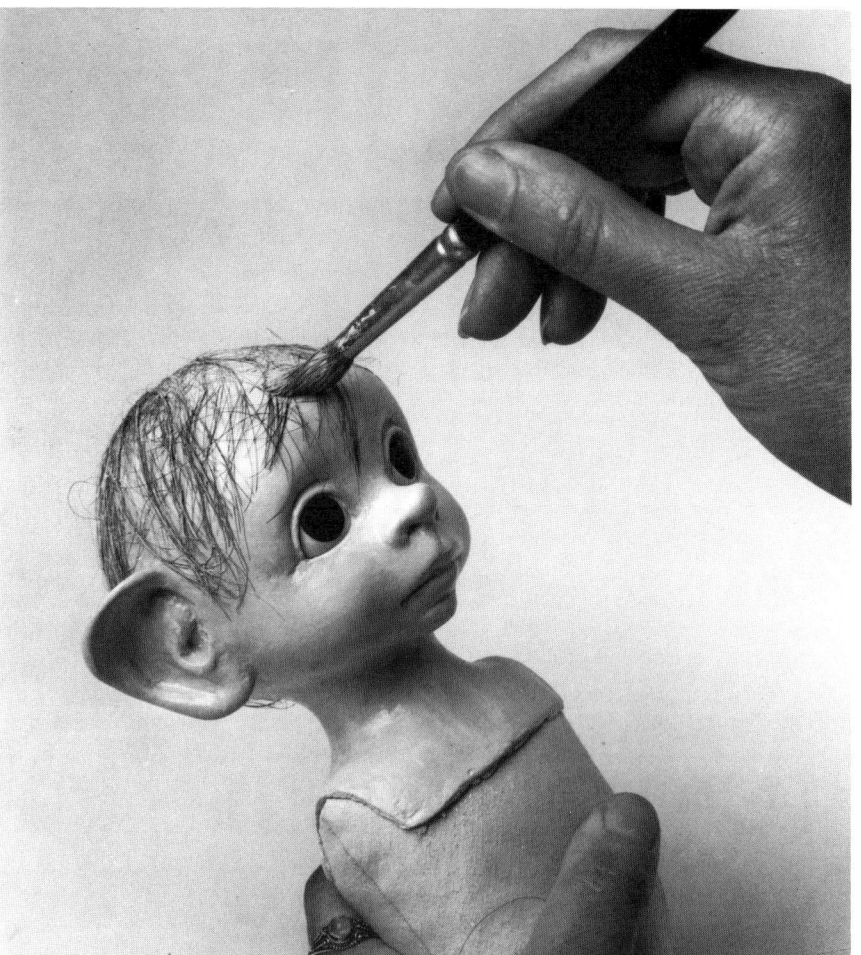

Das Färben des Haares

Eine andere Möglichkeit gibt es, Haare auf den Kopf zu färben. So eine Frisur paßt für Baby- und Bubenköpfe (Abb. Seite 52).

Das Auftragen des Haares muß während des letzten Färbprozesses mit dem hellrosa Lack geschehen. Das geht wie folgt: Rollen Sie einen größeren Textilstreifen der Perücke auf, wie es schon beschrieben wurde, umwickeln Sie den Streifen. Schneiden Sie den Streifen ab. Stechen Sie mit dem Pfriem ein Loch an die Stelle, wo das Schöpfchen hinkommen soll. Bevor Sie die Haare festkleben, passen Sie es in das Loch ein, um die Haarlänge zu bestimmen. Schneiden Sie die Haare über die Augen weg, wie auch die über dem Nakken. Kleben Sie das Schöpfchen ein und verteilen Sie die Haare gleichmäßig über das Köpfchen. Färben Sie nun das Haar mit der letzten rosa Lacklage. Dadurch wird das Haar festgehalten. Nach dem Trocknen wird Haar und Kopf getönt (Hautfarbe).

79 Färben Sie das Haar fest mit der letzten rosa Lacklage.

Sie brauchen dazu:
- starken Hutgummi,
- weiße oder ecrufarbige Knöpfe mit großen Löchern,
- die längste spitze Nadel, die Sie bekommen können,
- Flachzange, um die Nadel durch den Stoff zu ziehen,
- eine Schere.

Ziehen Sie den Hutgummi (ungefähr 75 cm) durch das Ohr der langen Nadel. Fransen Sie das Ende ein bißchen aus, damit es leichter durch das Ohr geht. Legen Sie den Körper mit dem Kopf vor sich auf den Tisch. Stechen Sie die Nadel durch die Schulter und holen sie mit einer Zange heraus. Stechen Sie die Nadel dann durch den rechten

Oberarm der Puppe (achten Sie darauf, daß Schulterpunkt und Oberarm in gleicher Höhe sind), dann durch einen Knopf (machen Sie das mit der Hand, wenn die Nadel nicht hindurch paßt). Gehen Sie denselben Weg zurück. Stechen Sie die Nadel dann durch den anderen Arm und über den Knopf wieder zurück.

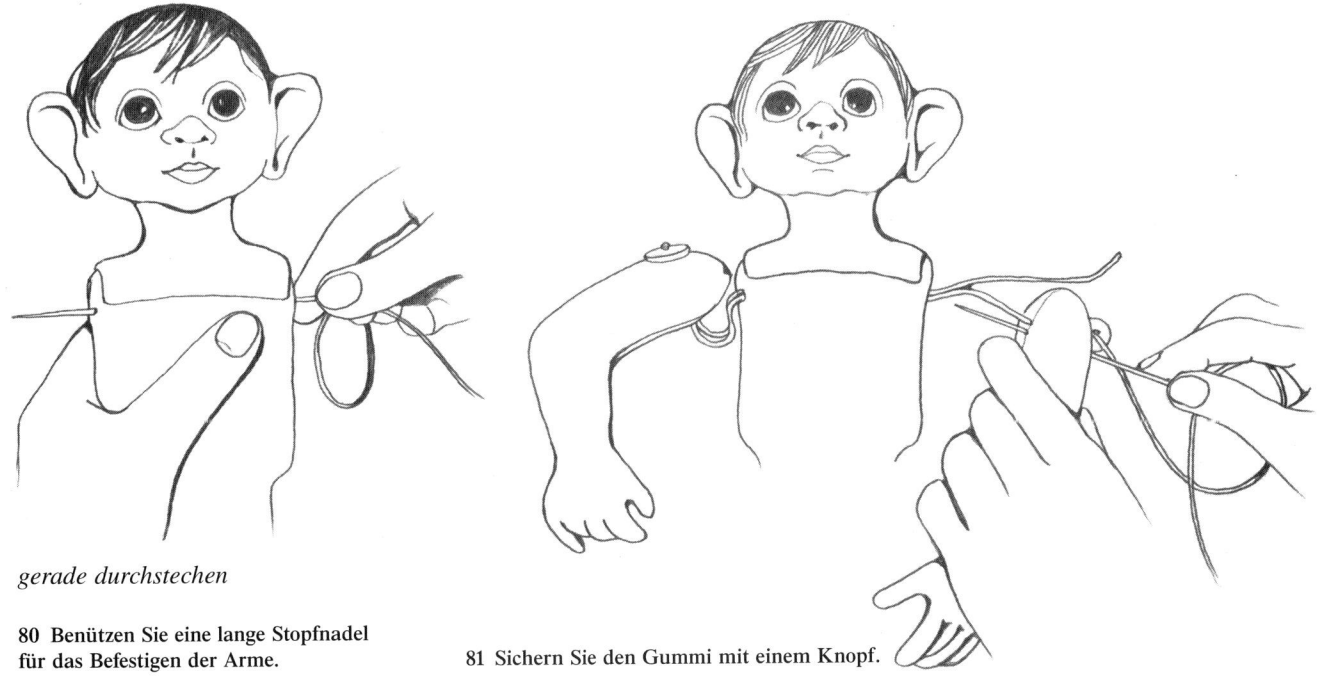

gerade durchstechen

80 Benützen Sie eine lange Stopfnadel für das Befestigen der Arme.

81 Sichern Sie den Gummi mit einem Knopf.

Gummi fest anziehen

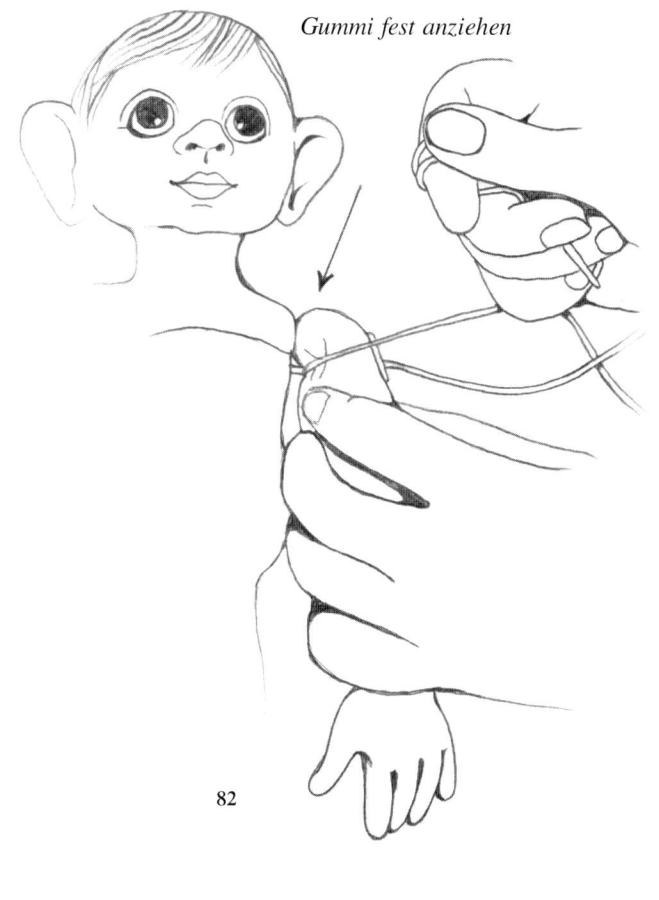

82

Beine annähen

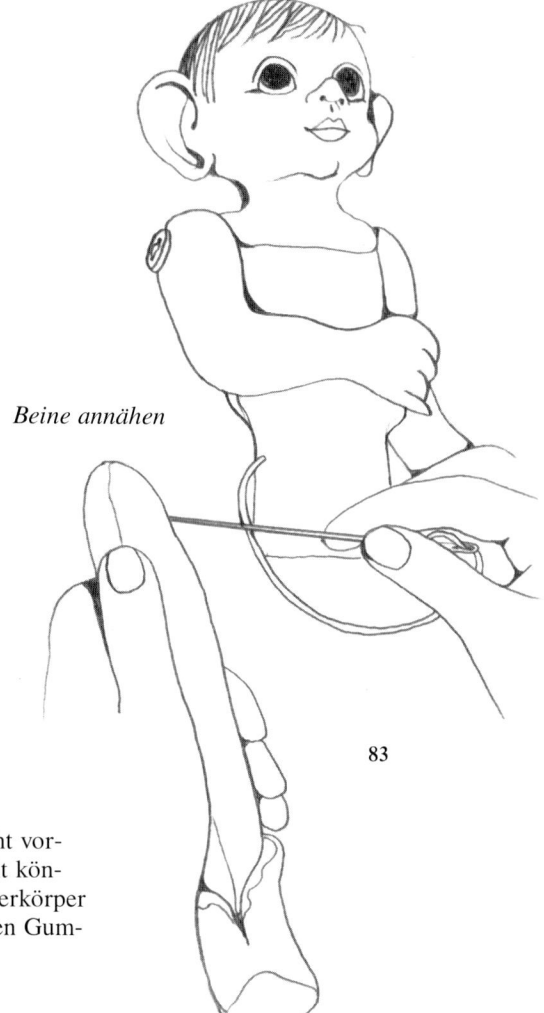

83

Ziehen Sie den Gummi gut an, machen Sie einen dreidoppelten Knoten und schneiden den Gummi ab.

Auf dieselbe Art arbeiten Sie dann beim Annähen der Beine an den Körper. Das Oberbein muß in die Schmale Stelle des Körpers passen. Lassen Sie sich beim Anziehen des Gummis helfen. Das muß nämlich sehr fest sein, damit die Puppe Bewegungen machen kann, fest stehen kann und nicht vor- oder zurückfällt. Zur Sicherheit können Sie auch noch um den Unterkörper und über die Beine einen breiten Gummi fest annähen.

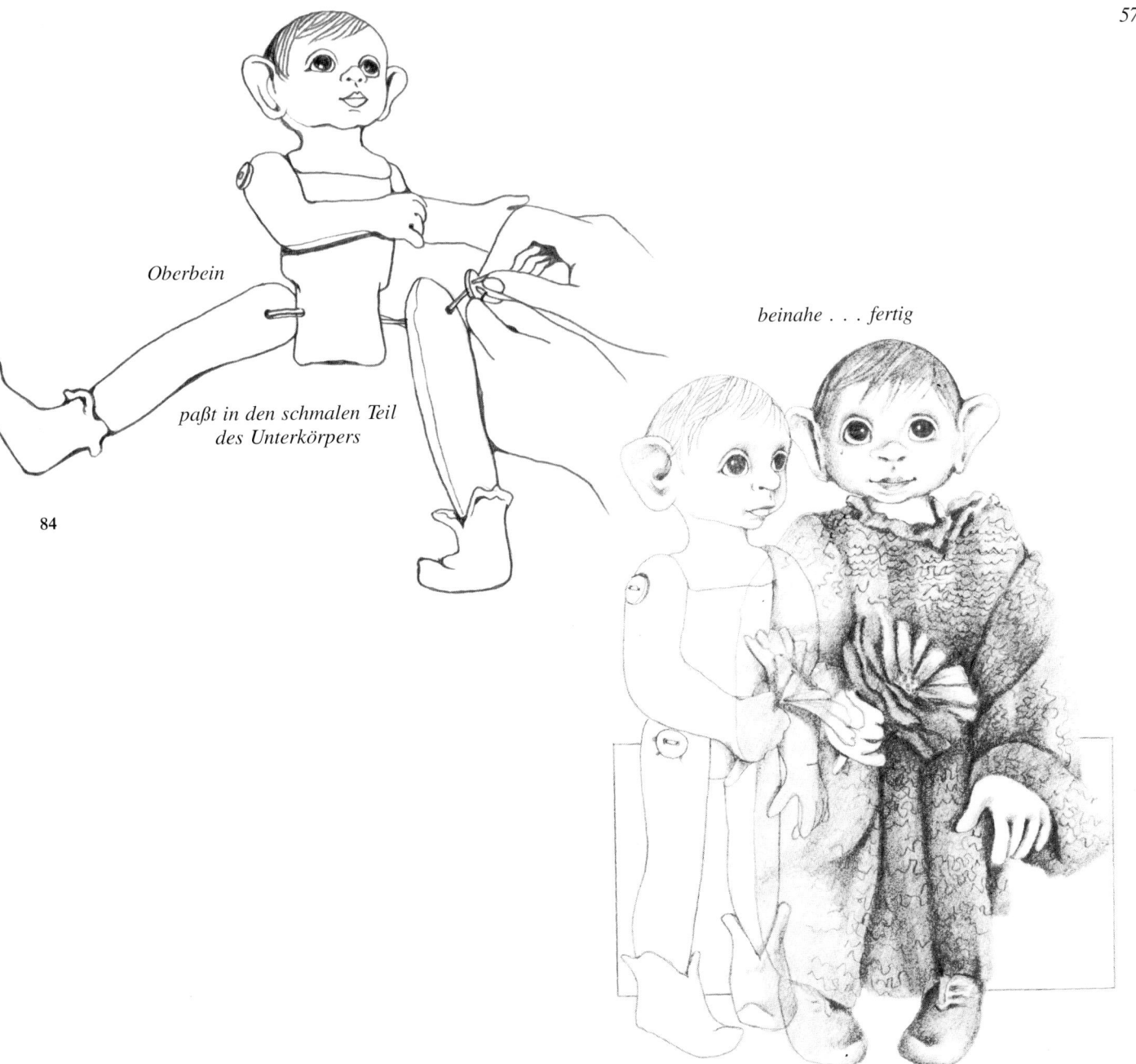

Oberbein

paßt in den schmalen Teil des Unterkörpers

84

beinahe . . . fertig

85 Puppe mit gestrickten Kleidern aus verschiedenen Materialien.

86 Mädchen mit einem Kleid aus Stoff, kombiniert mit Spitze.

Während des Machens der Puppe sind Ihre Gedanken sicher schon dabei, «Ihn» oder «Sie» anzuziehen. Oft läßt sich die Frage des «Geschlechts» erst an der fertigen Puppe bestimmen. Haarfarbe und Gesichtsausdruck sind bestimmend für die Kleidung.

Vielleicht haben Sie schon Schnitte für Kleider gesammelt, die Sie an die Maße Ihrer eigenen Puppe anpassen können. Oft müssen Sie den Schnitt etwas länger, kürzer, breiter oder schmäler zeichnen. Nehmen Sie den Schnitt immer etwas weiter, das ist sicherer.

Heften Sie die Teile vor dem Steppen, das spart viel Ärger und unnötiges Trennen. Für den Fall, daß Sie keinen passenden Schnitt haben und keinen nach Maß zeichnen wollen, finden Sie im Schnittbogen einen Grundschnitt für ein Kleidchen mit Hose für eine Puppen nach dem Schema «Kind» (Seite 22). Nach den gezeichneten Vorbildern auf Abb. 88 können Sie sehen, wie Sie aus dem einfachen Modell eine besondere Kreation schaffen können.
Es ist auch sicher interessant, manchmal von den geblümten Allerweltsstoffen abzuweichen. Benützen Sie den Grundschnitt auch für Strick- und Häkelarbeiten.

Basiskleidchen

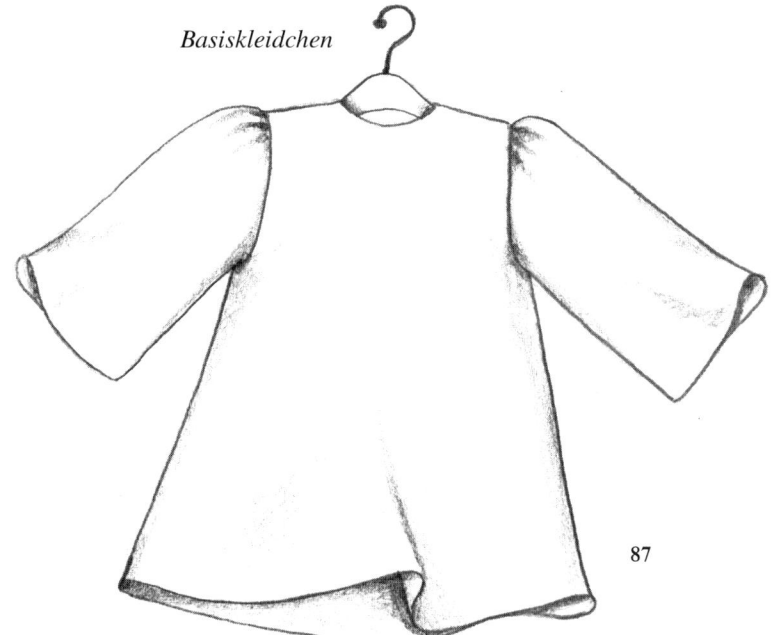

87

Basishöschen

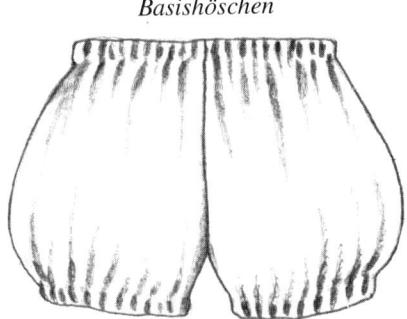

karrierte Baumwolle   Satin mit Spitze   gehäkelt

88 Der gleiche Schnitt in 3 verschiedenen Ausführungen.

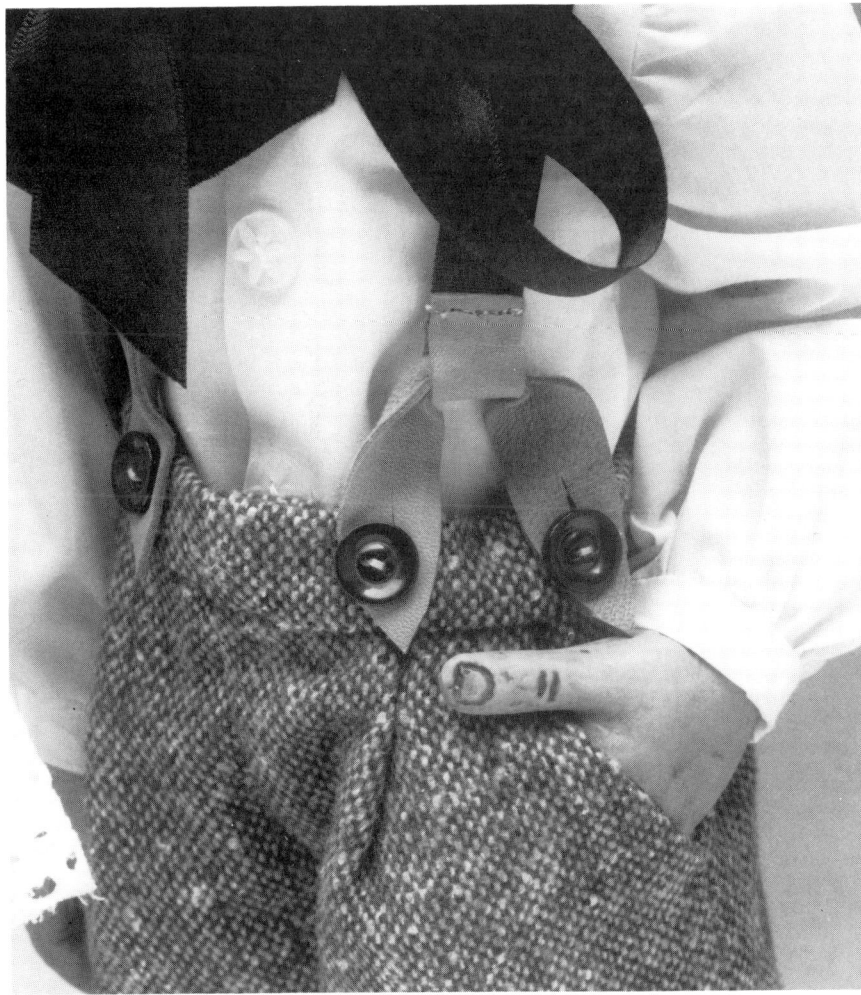

89 Hose mit Hosenträgern.

Verarbeiten Sie darin auch verschiedene Garne, Perlen, Leder, Bänder und Spitzen etc. Haben Sie viele Restchen Stoff im gleichen Ton? Schneiden Sie daraus Streifen von etwa 1 cm Breite und verarbeiten Sie diese mit Wollresten, Baumwolle oder anderen Garnen zu einer besonderen Strickarbeit.

Lassen Sie Ihrer Phantasie freien Lauf! Sie werden noch viel mehr Möglichkeiten entdecken.

DAS HERSTELLEN EINER DRAHTFIGUR

Wir gehen davon aus, daß der Kopf modelliert und trocken ist. Der Kopf ist ungefähr 9 cm hoch. Bei diesem Schnitt sind die Aussparungen für den Beinansatz weggelassen und die Schultern sind etwas breiter gezeichnet. Bevor Sie Rumpf, Arme und Beine machen, ist es ratsam, den Kopf fertig zu haben.

Sie brauchen dazu:
 1 ungebleichten Baumwollstoff,
 2 25 cm Schaumgummi,
    1/2 cm dick,
 3 Füllmaterial,
 4 Modellierpulver,
 5 Schüssel zum Anrühren,
 6 In Streifen geschnittenen Trikot, Nylonstrümpfe etc.,
 7 Alufolie,
 8 Draht Nr. 8,
 9 Leim,
10 Pfriem,
11 Modellierhölzchen,
12 Drahtzange,
13 Rundzange,
14 Stecknadeln,
15 selbsthärtenden Ton,
(siehe Abb. 91 auf Seite 64).
– das Material zum Bemalen von Kopf, Händen und Füßen (Seite 44).

Das Herstellen des Körpers
Übernehmen Sie den Schnitt in Originalgröße vom Schnittbogen, wenn Sie einen Puppenkopf von etwa 9 cm haben. Bei einer anderen Kopfgröße ändern Sie den Schnitt nach Schema Seite 22.

90

Legen Sie den ausgeschnitten Schnitt schräg auf den doppelt gelegten Baumwollstoff. Zeichnen Sie ihn mit dem Stift nach und schneiden ihn mit 0,5 cm Nahtzugabe aus. Steppen Sie den Körper mit der Nähmaschine mit Stich Nr. 1 und lassen den Hals offen. Da wird später der Kopf hineingesteckt.

Das Berechnen der Maße für Arme und Beine
Schneiden Sie für die Beine ein Stück Draht von 52 cm ab. Für die Arme 42 cm Draht.
Wollen Sie ein Baby, Kleinkind oder erwachsene Puppe machen, so können Sie nach dem Schema Seite 22 die Maße anpassen. Zu der errechneten Drahtlänge rechnen Sie 10 cm für die abgebogenen Füße und 5 cm bei der Hüfte zum Durchstechen des Körpers.
Für die Arme brauchen wir zu der errechneten Armlänge die Breite des Oberkörpers. Sollte Ihnen diese Rechnerei zu kompliziert sein, dann nehmen Sie für die Arme ein langes Stück Draht (ungefähr 75 cm) und schneiden den Rest ab.

Farbbild 8: Hollergeist und Sohn, zwei Drahtfiguren.

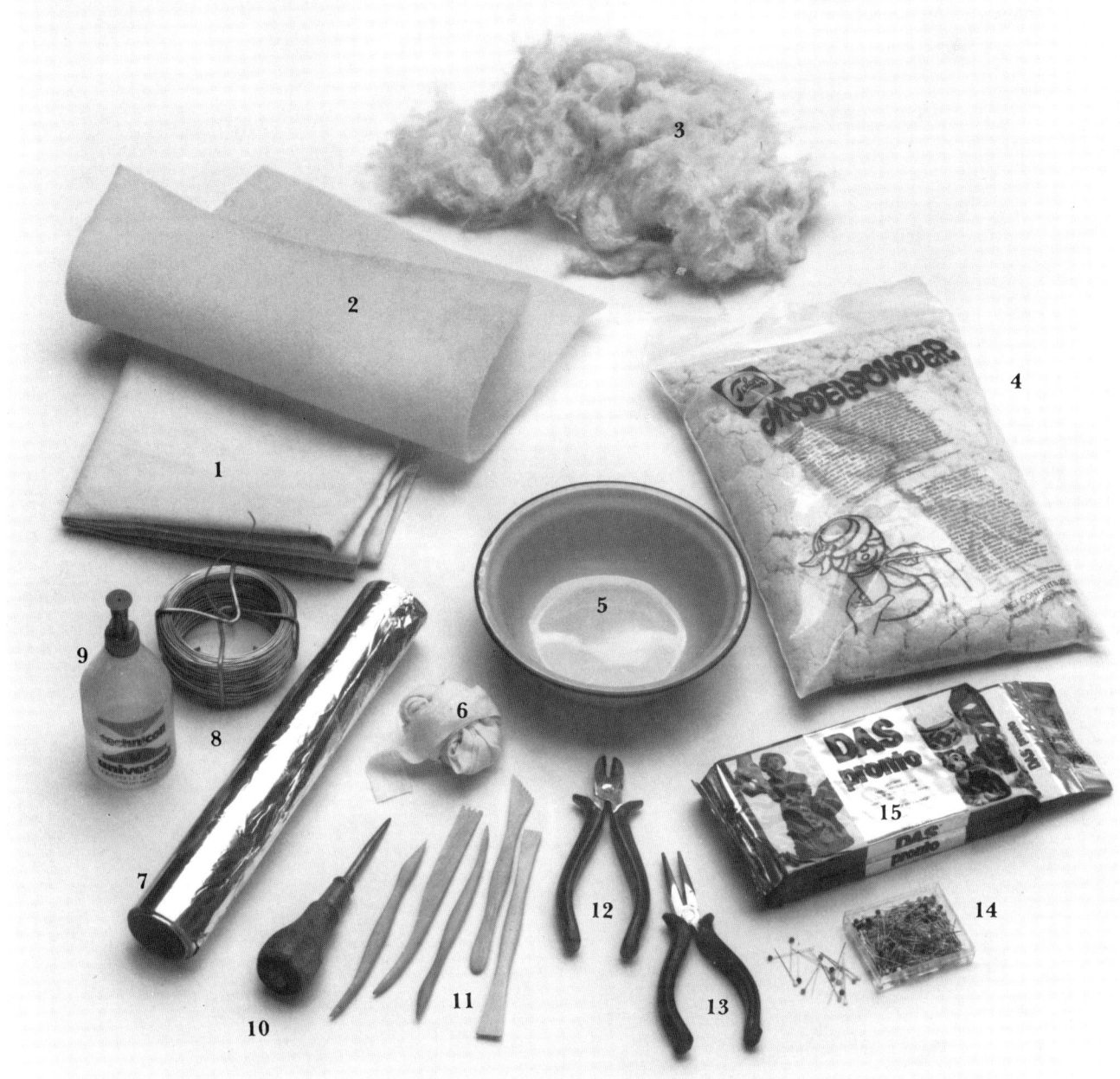

91 Material und Werkzeug für Drahtpuppen.

Das Befestigen der Arme und Beine am Körper

Stecken Sie für die Beine den Draht ungefähr 5 cm durch den unteren Teil des Körpers. Füllen Sie den Körper mit Katzenkistchensteinchen Granulat bis zur Hälfte. Stecken Sie den Draht für den Arm durch den Oberkörper (ungefähr 1,5 cm unter dem Schulterpunkt) und füllen den Körper fest mit Füllmaterial (Abb. 92).

Setzen Sie den Draht für Arme und Beine mit Modelliermasse am Körper fest. Dabei sollten Sie die fertige Puppe vor Augen haben.

Für eine stehende Puppe zeigt der Draht nach unten und wird später mit selbsthärtendem Ton umhüllt, so daß die Puppe gut stehen kann.

Wollen Sie eine sitzende Puppe, dann ist das Beschweren nicht nötig und der Draht zeigt nach vorn.

Arbeitsweise für eine stehende Puppe

Soll Ihre Puppe stehen, dann arbeiten Sie wie folgt:

Drücken Sie über den Draht für die Beine eine dünne Schicht Alufolie. Nehmen Sie auch den umgebogenen Fuß mit dazu. Nun haben die Beine schon ein wenig Masse und Sie können mit selbsthärtendem Ton darüber modellieren. Formen Sie gleichzeitig einen nackten Fuß oder Schuhe (Abb. 93).

Schauen Sie in Ihr Puppenarchiv oder auf Ihre eigenen Beine, Füße oder Schuhe und betrachten Sie diese von allen Seiten. Finden Sie das Formgeben der Beine zu schwierig, dann drücken Sie nur einen geraden Streifen Ton um den Draht und umwickeln diesen nach dem Trocknen mit Trikot-

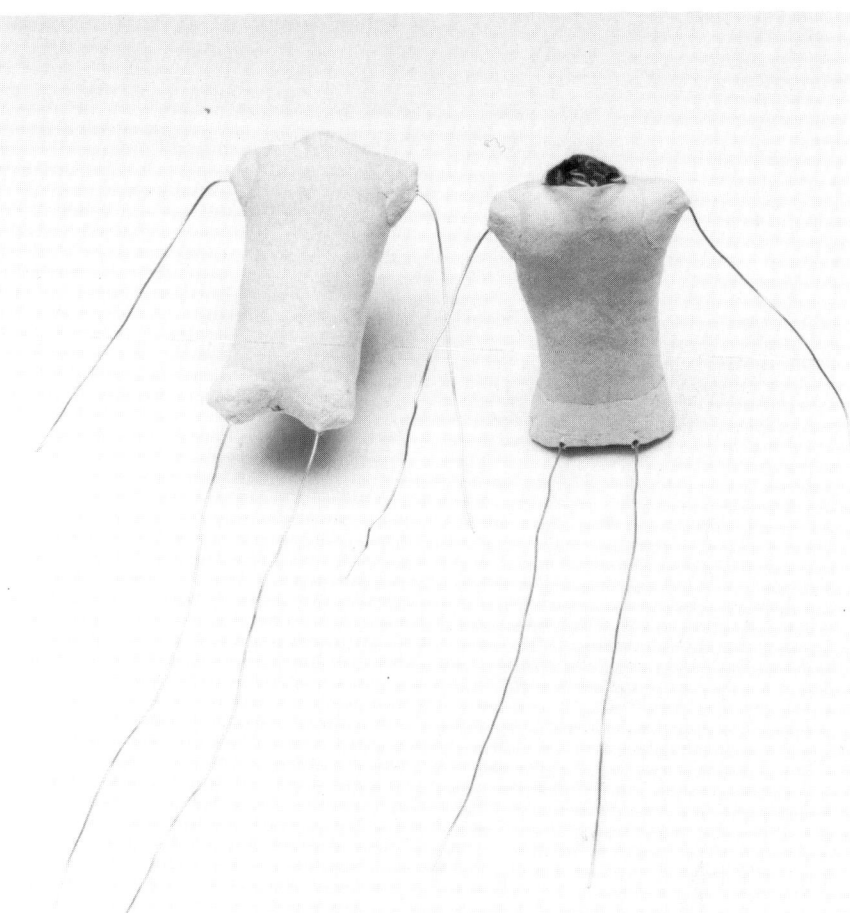

92 Grundform einer stehenden und einer sitzenden Figur.

streifen etc. Für die weitere Behandlung dieses Puppentyps gilt die Beschreibung «Arbeitsweise für eine sitzende Puppe» (Seite 40).

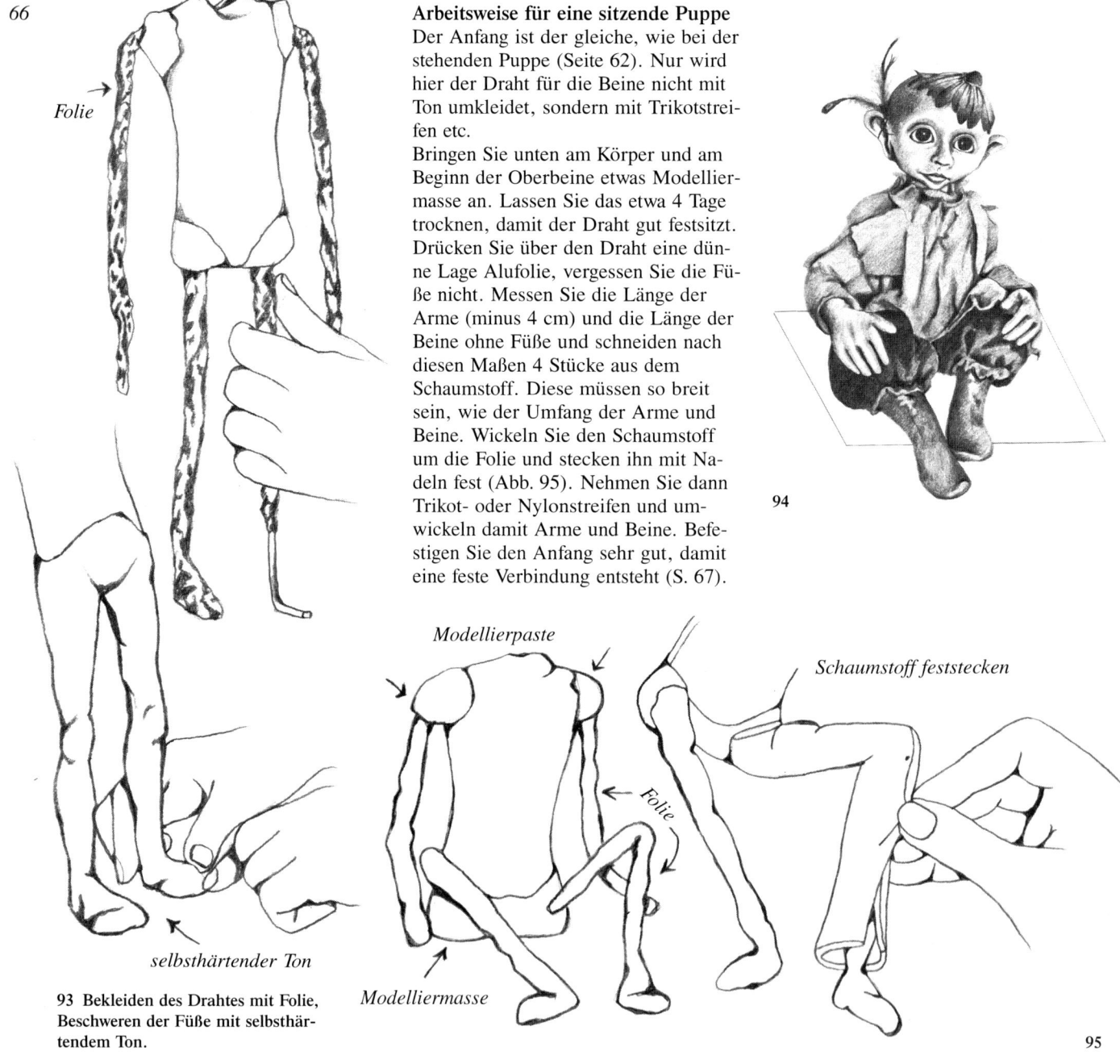

Folie

Arbeitsweise für eine sitzende Puppe

Der Anfang ist der gleiche, wie bei der stehenden Puppe (Seite 62). Nur wird hier der Draht für die Beine nicht mit Ton umkleidet, sondern mit Trikotstreifen etc.

Bringen Sie unten am Körper und am Beginn der Oberbeine etwas Modelliermasse an. Lassen Sie das etwa 4 Tage trocknen, damit der Draht gut festsitzt. Drücken Sie über den Draht eine dünne Lage Alufolie, vergessen Sie die Füße nicht. Messen Sie die Länge der Arme (minus 4 cm) und die Länge der Beine ohne Füße und schneiden nach diesen Maßen 4 Stücke aus dem Schaumstoff. Diese müssen so breit sein, wie der Umfang der Arme und Beine. Wickeln Sie den Schaumstoff um die Folie und stecken ihn mit Nadeln fest (Abb. 95). Nehmen Sie dann Trikot- oder Nylonstreifen und umwickeln damit Arme und Beine. Befestigen Sie den Anfang sehr gut, damit eine feste Verbindung entsteht (S. 67).

94

Modellierpaste

Schaumstoff feststecken

Folie

selbsthärtender Ton

93 Bekleiden des Drahtes mit Folie, Beschweren der Füße mit selbsthärtendem Ton.

Modelliermasse

95

Die Form der Arme und Beine wird durch mehr oder minder festes Umwickeln erreicht. Lassen Sie an der Unterkante der Arme ein Stück von ungefähr 4 cm unbearbeitet und biegen den Draht mit einer Zange gegen den umwickelten Arm. (Hierüber wird dann die Hand mit dem Handgelenk geschoben).

Die Füße nicht umwickeln, da diese noch mit Modelliermasse bearbeitet werden. Die Masse haftet nämlich auf Nylon und anderen Synthetikstoffen nicht gut. Es ist nur dann möglich, wenn man vorher eine Lage Latexfarbe aufträgt, die Farbe trocknen läßt und dann erst darüber modelliert. Wenn Sie mit den Resultaten zufrieden sind, dann können Sie die Füße an das Bein modellieren.

96 Puppen mit Grundform aus Draht.

Fertigen der Hand

In der Zeit, in der die Füße trocknen,
können Sie die Hände machen. Der
Schnitt in Originalgröße ist nach dem
Schema «Kind» Seite 22 gezeichnet.
Sie können Ihre Maße an das Schema
anpassen. Legen Sie den Schnitt auf
den Stoff und umfahren ihn mit einem
Stift.
Schneiden Sie die Hand mit Nahtzugabe aus. Steppen Sie den Stoff auf der
Nähmaschine mit Stichgröße 1. Arbeiten Sie die Hände nach der Beschreibung der Puppe mit beweglichen
Gliedmaßen bis zum Färben, denn dies
geschieht gleichzeitig mit dem Färben
von Kopf, Beinen und Füßen. Achten
Sie darauf, daß der Draht der Händchen ein Stückchen in den angeschnit-
tenen Arm läuft. Füllen Sie dieses
Stückchen Arm nicht, sondern schieben es über den umwickelten Unter-
arm. Sollte doch eine Lücke entstanden
sein, so füllen Sie diese mit Watte auf.
Stecken Sie die Hand fest und streichen
darüber eine Lage Modelliermasse.

**Das Herstellen des Bruststückes und
das weitere Bearbeiten des Kopfes**
Befestigen Sie den geschliffenen Kopf
in der Halsöffnung, stecken ihn mit
Nadeln fest oder kleben ihn. Arbeiten
Sie das Bruststück nach der Beschreibung Seite 42. Der Unterschied dazu
ist der, daß Sie nun den Ansatz der
Oberarme anmodellieren (Abb. 100).
Schleifen Sie die anmodellierten Teile
mit feinem Sandpapier und färben die
Puppe nach der Beschreibung «Puppe
mit beweglichen Gliedern» Seite 44.
Die Puppe ist nun fertig zum Anziehen.

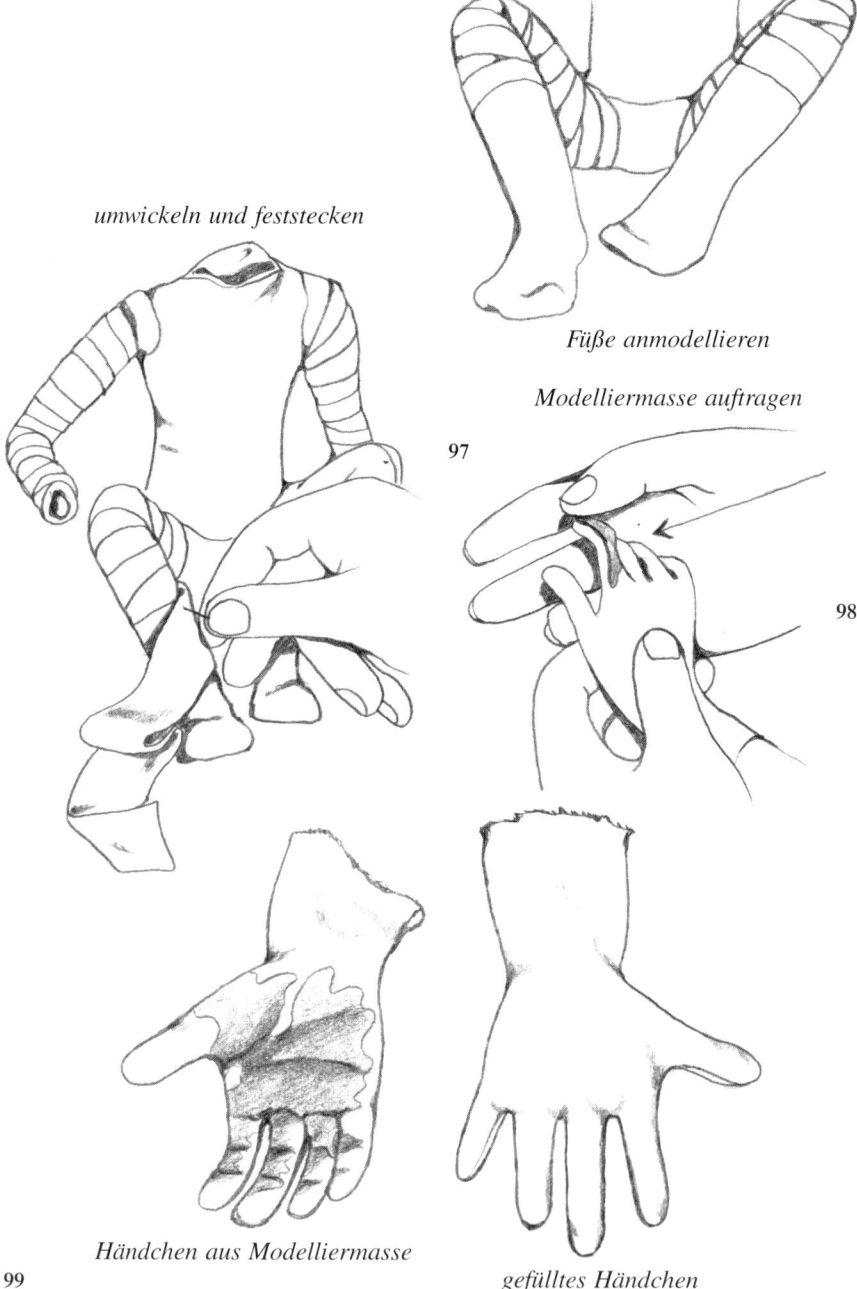

umwickeln und feststecken

Füße anmodellieren

Modelliermasse auftragen

97

98

Händchen aus Modelliermasse

99

gefülltes Händchen

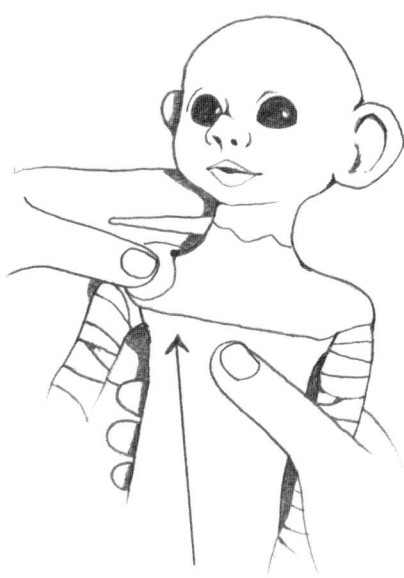

*Bruststück
an den Oberarm modellieren*

100

Sie können diese auf das fertige Köpfchen aufkleben und mit einer Lage Firnis haltbar machen. Sie können Blumen und Blätter in der Farbe auffrischen. Oder machen Sie eine Kopfbedeckung aus einem großen Blatt, das Sie aus Modelliermasse herstellen.

fertig, um angezogen zu werden

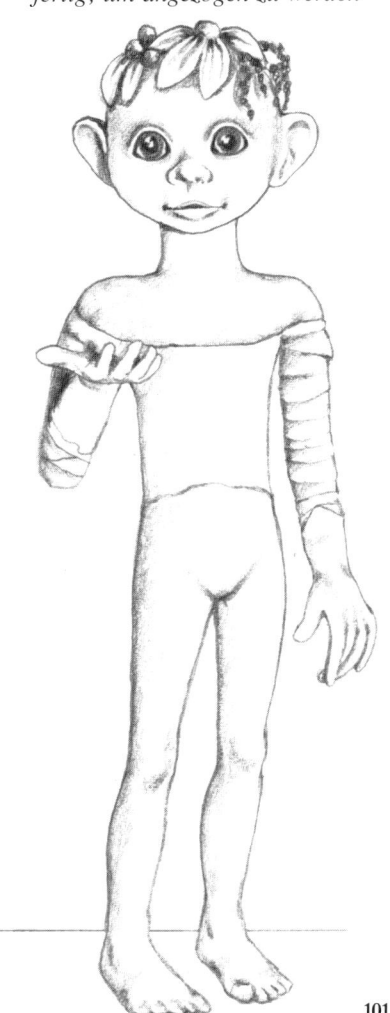

101

Denken Sie daran, daß Sie dieses Blatt vor dem Färben anbringen!
Als Letztes will ich Ihnen noch eine Idee mitgeben: Schauen Sie mit offenen Augen um sich hin, wenn Sie durch die Natur gehen. Zweiglein, Blätter, Gräser, Blumen, dieses Gratismaterial für unsere Puppen liegt da zum Aufheben! Probieren Sie es aus – es wird Ihnen Freude machen.

Es ist zu empfehlen, der Puppe einen «Unteranzug» anzuziehen. Die umwickelten Streifen Stoff sind dann nicht mehr sichtbar und können bei Spitzenstoffen oder Tüll nicht durchscheinen. Einen Schnitt für den «Unteranzug» finden Sie in Originalgröße auf dem Schnittbogen. Arbeiten Sie den Anzug aus dünner Baumwolle oder Futterstoff und denken Sie daran, daß die Farbe zur Kleidung passen sollte.
Lassen Sie beim Ankleiden der Drahtfigur Ihrer Phantasie freien Lauf, dann ist es sicher auch lustig, an eine andere Haartracht zu denken als die gewöhnlichen Perücken. Es ist nämlich gut möglich, eine alternative Frisur aus getrockneten Blumen, Beeren und Blättern auf dem Köpfchen anzubringen.

102 gehäkelter Kopfschmuck.

103 Kopfschmuck aus Hollerbeeren.

104 Kopfschmuck aus Löwenzahn.

105 Blatt aus Modelliermasse.

106 Stockpuppe.

Weitere Bücher für Ihr kreatives Hobby:

Daniel Cranford
Puppen-Nähstube
Höchst praktische Nähschule für
vortreffliche Puppenkleider des frühen
19. Jahrhunderts
144 S., 100 Abb., Schnittmuster 1:1,
23,5 x 29 cm, DM 68,—

Hildegard Günzel
Künstlerpuppen selbermachen
Porzellankopfpuppen: Modellieren,
Formenbau, Gießen, Brennen, Malen
112 S., 300 Abb., 21,5 x 26 cm,
Ef. mit SU, DM 49,80

Venus A. Dodge
Puppenkleider selbermachen
192 S., 344 Abb., 246 Schnittmuster
für 120 Kleidungsstücke, 17 Farbtafeln
22,5 x 36,3 cm, Ef. mit SU, DM 68,—

Bialosky / Tynes
Teddybären selbermachen
112 S., 200 Abb. und Schnittmuster
12 Farbtafeln, 20,8 x 27,4 cm
Pb, DM 29,80

Mit Dank an: Marianne Alta